나도 타일을 배워볼까?

자유롭고 독립적인 평생직장 현장기술직의 매력

최지웅 지음

악어타일

나도 타일을 배워볼까?

초판 1쇄 발행   2022년 11월 11일
개정증보판 발행 2023년 8월 15일
개정판 2쇄 발행 2024년 6월 1일

지은이   최지웅
펴낸곳   악어타일
출판등록   제395-2022-123호 (2022년 7월 29일)
주소   경기 고양시 덕양구 오금로 33
이메일 julien-choi@naver.com   **블로그**   NAVER "악어타일"
유튜브 악어타일   **인스타그램** @julientiler
출력·인쇄·제본 한국학술정보(BOOKTORY)
ISBN 979-11-979761-0-0

정가 24,000원

직업이란 나의 진짜 옷을 찾아가는 여행입니다.
정말로 해보지 않고서는 적성에 맞는지 알 수 없습니다.

개정판에 부쳐

이 책을 편 분들은 신중한 성품을 가지고 계실 것입니다.

초판을 낸 이후 많은 메시지를 받았습니다. 타일을 배우고 싶은 분, 이제 막 일을 시작하시는 분, 독립을 준비하고 계신 현직 타일공까지 책을 잘 보았다고 연락 주셨습니다. 타일&도기 판매업체, 인테리어 업체에서도 구매하셨습니다. 단체 구매 해주신 기라성 같은 타일반장님들께 특히 감사드립니다.

개정판에서는 모든 페이지의 디자인을 개선하고, 사진을 풍성하게 했습니다. 서체 디자인을 손봤습니다. 특히 '타일링 클래스101', '욕실 리모델링 프로세스' 챕터의 현장 노하우를 대폭 보강했습니다.

직업의 선택은 누구에게나 중요합니다. 타일을 배울 수 있는 현장을 찾아간 분들은 사수를 만납니다. 어떤 사수는 기술을 알려주는 대가로 1년간 무보수 제안을 한다고 합니다. 단 하루도 무보수로는 일하지 말라고 조언을 드립니다.

현장 기술직을 원하는 분들이 다양한 선택권을 갖고, 또 시행착오를 줄이고 성장하는 방법은 무엇인가? 무엇이 날림이고 무엇이 표준 공법인가? 어떻게 하면 타일 인테리어 소비자도 정확한 배경지식을 가지고 업체와 대화할 수 있게 하며 안심하고 공사를 시작할 수 있는가? 그런 고민을 했습니다. 이 모두는 타일 인테리어 업계의 성장을 뜻합니다.

미국에선 이른바 화이트칼라의 직업 안정성이 의심을 받고, 블루칼라의 임금이

치솟으면서 4년제 대학 졸업장의 의미가 바뀌어가는 중입니다. 학자금 부담이나 서비스 일손 부족의 부수적인 영향도 있지만, 근본적으로 어떤 직군이 대우를 받는다는 것은 고객이 그만한 가치를 느낀다는 것입니다. 미국이 그렇다면 한국은 시간차를 두고 그와 닮아갑니다. 하지만 조건이 있습니다.

높은 일당을 요구하면서 원칙없이, 지식없이 일하는 사람, 단 하루를 일하고 잠적해버리는 작업자는 타일 직군 전반에 대한 신뢰를 잃게 합니다. 어렵고 힘든 일이란 사실 힘든 일이 아닙니다. 남들이 기피하는 일, 경쟁이 적은 일입니다. 다시 말해서 쉬운 일입니다. 한국에서도 인테리어 마감 공사에 대한 시장의 신뢰도가 높아지고 기술자의 수준도 업그레이드 된다면, 기술자들이 원하는 좋은 대우가 현실화 될 것입니다. 그것은 현장에서 기술자 스스로 이뤄가야 합니다.

인공지능이 바꿀 앞으로의 세상이 어떤 것인지 우리는 알지 못합니다. 사라지는 일자리도 있을 것이고, 새롭게 생겨나는 직업도 많을 것입니다. 변하지 않는 것이 있다면, 사람이 현재보다 꾸준히 발전할 때에 행복을 느낀다는 사실입니다. 열심히 일하고 싶다면, 그런 분들을 위한 일자리는 세상에 널려 있습니다. 어제보다 오늘 더 발전하고 싶은 신중한 분들께 기회는 가득 차 있습니다.

예나 지금이나 사람들은 주거에 가장 큰 돈을 지출합니다. 공간이 편안해야만 사람들은 만족하며 살 수 있습니다. 이 책을 만난 분들께서, 사람들에게 그런 가치를 드리는 좋은 기술자가 되시기를 바랍니다.

이 책의 사용법

. . . .

이 책은 한 가지 생각을 염두에 두고 쓰여졌습니다.

"내가 현장 일을 배울 때, 처음부터 기술자 선배로부터 체계적인 가르침을 받을 수 있었다면 얼마나 좋았을까?"

한국 출판계에는 희망전문기술전문학원에서 펴낸 '타일기능사' 서적 (현재 절판)을 제외하면 일반인을 대상으로 하는 타일 기술 교육에 관한 서적이 없습니다. 그래서 이 책을 만들었습니다. 오래 전의 제 자신에게 주고 싶은 책입니다. 또 고급 인테리어에 대한 수요가 많은 오늘날 존재해야 하는 타일 책입니다.

처음부터 순서대로 펴놓고 읽어야 하는 책은 아닙니다. 목차를 보시고 제일 궁금한 부분을 펴서 보시면 됩니다. 각 챕터는 타일링의 세계를 경험해 본 사람이 말할 수 있는 최선의 내용으로, 주제에 충실하게 채웠습니다. 이 세계에는 기본과 응용이 존재합니다. 기본이 더 중요합니다. 기본이 갖춰지지 않아서 잘못된 방향으로 응용하는 사례가 많습니다. 건축 또는 인테리어에서 그런 상황은 소비자의 손해로 이어집니다.

기술의 베이직.
정신의 베이직.

제일 중요한 두 가지를 담았습니다. 베이직이라 함은 초급이 아닙니다. 기본이 자 토대입니다. 기본을 벗어나면 꼼수, 날림, 부실 공사입니다. 견고한 파운데이션 위에 집을 세우면 그 집은 쉽게 무너지지 않습니다. 오랜 세월 지속됩니다.

이 책은 타일을 배우고자 하는 분은 물론, 인테리어 기술에 대한 일반 교양 수준의 궁금증을 가지신 분, 셀프인테리어를 계획하고 계신 분, 혹은 중대한 타일 프로젝트를 앞두고 계신 건축주에게도 좋은 친구가 될 수 있습니다.

타일의 '타'도 모르시는 분에게 특히 이 책을 권합니다만, 현장에서 왠만한 경험을 가진 분들도 뭔가를 찾으실 수 있을 것입니다. 덮어뒀다가 한참 후 다시 폈을 때에도 '아 이게 그런 말이었군' 하실 것입니다. '이런 내용도 좀 넣어주면 좋겠는데!' 싶으시다면 악어타일에게 꼭 피드백을 보내주세요.
julien-choi@naver.com

아름다운 마감을 위해 정직한 땀을 흘리고 계신 선배님들, 동료님들께 경의를 표하며 언제나 응원합니다.

저자 드림

CONTENTS

3부. 새로워지다

제 1부

준비하다

#자유로운 #독립기술자 #평생직장 #기술직 장점
#타일링 종류 #타일적성 #조공입문 #현장관리자
#정리정돈 #안전 #생각 #매뉴얼 #하자사례

▲ 박판 타일이 일부 적용된 욕실 포세린 타일링. 서울 송파구

누구에게 필요한 책인가

. . . .

기술자가 되려면 기술자를 만나야 한다

누구나 가슴 속에 사직서 한 장을 가지고 있다고 한다. 사직서는 '내 진짜 꿈'의 다른 말이라 해도 좋을 것이다. 30대 초반의 나 또한 예외가 아니었다. 결혼을 하고 첫 아이가 태어나고, 생활은 점점 더 많은 책임을 나에게 부여하고 있었다.

나는 6년 정도를 언론사에 있었다. 아르바이트로 시작해서 운 좋게도 정규직으로 채용되었다. 미디어경영직으로 교육 사업을 했고, 각종 포럼 행사를 서포트 했다. 그 후에는 총무팀이었다. 그 후에는 "신사업부"로 이동했다. 내 주위에는 참 좋은 분들이 많았다. 회사도 성장하고 있었다. 그전에는 월급이 제때 안 나오는 조직에도 있어 보았다. 그래서인지 조직에서 입혀준 옷과 인맥, 여러가지 조건은 과분하게 느껴졌다. 무엇보다 언론사에서 보고 듣고 해보는 모든 것들이 큰 공부였다.

한 가지 문제만 빼고는 다 괜찮았다.

언론사에서 나는 기자 지망생이 실제로 기자가 되는 과정을 지켜볼 수 있었다. 기자가 되려면 기자처럼 생각하는 법을 배우면 된다. 기자는 대학을 나오고 영어를 잘 하고 글 잘 쓰는 사람이기도 하지만, 무엇보다도 호기심을 행동으로 옮기는 사람이다. 정보를 가진 사람을 찾아가고, 거절 당하는 것에 익숙하며, 전화와 노트북을 항상 끼고 안테나를 세우고 있다. 데스크와 '야마'(주제)를 협의하고 흩어진 정보를 모아서 마감에 맞춰 기사를 만든다. 기자는 대중이 알아야 하는 보편적인 지식 뿐 아니라 알려지지 않은 지식도 가장 먼저 접한다. 그런 사람이 되려면 현직 기자를 만나야 한다. 선배로부터 기자의 삶을 체득해야 한다. 그러면 기자가 될 수 있었다.

기자가 되고 나면 그는 연차를 쌓기 시작했다. 출입처에서 경험과 인맥을 쌓기 시작했다. 기사를 생산하고, 소속된 매체에 그의 이름으로 콘텐츠가 아카이빙되었다. 책을 내기도 했다. 한 마디로 성장해가는 경로가 구체적으로 보였다. 반면, 나에겐 마음 한편에 늘 물음표가 있었다.

'나의 전문성은 뭐지?'

월급은 정해진 날짜마다 들어왔다. 비록 많지는 않지만, 예측할 수 있기에 안정적이었다. 나는 연말 성과급, 퇴직금, 자녀 교육비 등 사내 복지 혜택이 약속된 정규직이었다. 그러나 미래를 고민했다. 마음 속의 물음표는 조직에 익숙해질수록 나를 괴롭혔다.

평생 직장은 없다
일관된 전문성을 기르고 싶다
자유로운 일에 몰두하고 싶다
독립적으로 일하고 싶다
산만한 멀티태스킹은 더이상 질색이다

당시 고민을 이렇게 종이에 휘갈겨 쓰곤 했다. 프로젝트와 프로젝트 사이의 협업, 부서와 부서 사이의 협업이 모토였으나 부작용이 있었다. 말단 직원의 머리 속은 마치 석류 알갱이처럼 잘게 쪼개져 있었다. 총무, 인재채용, 사내행사, 교육사업, 콘텐츠 사업, 디자인, 또 여러가지 요청과 부탁 — 멀티태스킹에 시달렸다. 동일한 대우를 받지만 업무 경계가 명확한 분들이 부러웠다. 나와 가까이 일하는 분들은 모두 내가 발걸음을 옮길 때마다 후두둑 후두둑 떨어지는 고뇌를 느꼈을 것이다. (세월이 약간 흘러서 칸막이처럼 업무가 나눠진 것보다 이 일 저 일을 다 했던 경험이 독립하는데에 훨씬 더 실용적이라는 사실을 알았다. 나는 자잘하고 다양한 업무 경험을 박박 긁어서 남김없이 써먹어야 했다.)

삶의 모양이 마음에 들지 않는다면, 그것을 바꿀 수 있는 건 자신 밖에 없다고 생각한다. 나의 경제상황이나 커리어를 바꿀 수 있는 것은 내 직장의 상사도 아니고, 동료도 아니다. 시청에 있는 공무원이나 국회의원도 아니다. 자신의 마음이 그 닫힌 문을 열어야 한다.

출퇴근 하는 지하철에 매달려 선 채로 책을 읽었다. 점심 시간에는 프린트물을 만들어서 조용한 곳을 찾아가 학습했다. 퇴근을 하면 가족들이 잠든 시각에 마우스를 붙잡고 작업을 했다. 나는 계속 뭔가를 찾았다. 바라는 일의 모습-'삶의 형태'-이 구체적인 것이 되었을 때 가슴 속에 있던 사직서를 바깥으로 꺼냈다. 여러분에게는 멘토가 있으신가? 업무가 아니라 시야를 틔워주는 사람. 회사 입장이 아니라 순수하게 나를 위한 의견을 제시하는 인생 경험자.

여기서 언급해보는 멘토란 여러 책을 쓰고 방송에서도 자주 볼 수 있는 유명인이나 '국민 멘토'를 뜻하는 것이 아니다. 멘토는 나 개인을 잘 아는 사람이어야 한다는 것이 내 생각이다.

유명인에게는 대중이 듣기 좋아하는 말을 해야 한다는 압력이 주어진다. 그래서인지 이들은 '괜찮아' '실수해도 문제없어' 위로하는 방법으로 쉽게 지지를 얻는

▲ 언론사에 있던 시절 '대학생 경제아카데미' 강의 중. 점들이 모여 선이 된다. 이때는
그것이 보이지 않았다.

다. 대부분의 사람이 갖고 있는 자기중심주의, 이기심, 허영심, 개념없음 혹은 위
선 등을 통렬히 지적하면 사람들은 싫어한다. 그런 이야기를 하는 사람은 대중
적인 사람이 되기 힘들다. 하지만 멘토링이란 현실적이어야 한다. 위로가 필요
할 때가 있고, 푸쉬(압박)해야 할 때가 있다. 잘못을 덮어줄 때가 있고, 드러내야
할 때가 있다. 현명한 분들은 이런 역할을 이해하고 기꺼이 쓴소리를 해줄 때가
있다.

어떤 사회나 조직의 구성원들이 오직 위로만을 반기고 칭찬과 격려만을 듣기 좋

▲ 정장에서 작업복으로. 옷차림보다는 생각하는 방식을 바꾸는 것이 먼저다.

아할 때에, 혹은 권리를 주장하되 책임은 회피할 때에 나는 주제넘지만 그런 상황을 '정신문화의 균형을 잃었다'고 표현해본다.

균형을 잃은 사회란 다시 말해 '편향된 사회'다. 특히 교육에서 그런 현상이 일어날 때에 그것은 편향된 교육이라 생각된다. 균형을 잃은 채로 방치되면 서서히 부패가 진행된다. 완전히 썩어버리면 되돌릴 수가 없다.

어쨌거나 '좋은 선배와의 만남'은 기자가 되려는 사람이든 타일 기술자가 되려는 사람이든 인생에서 가장 중요한 순간임을 나는 지켜보고 또 경험했다. 아니, 행복하고 성공한 인생을 살고 싶다면 무조건 좋은 멘토를 만나야 한다. '만남'이야말로 앞으로 이 책에서 계속 이야기하려는 주제이다.

타일 기술자가 되려면, 좋은 기술자를 만나야 한다. 타일공은 공구를 갖추고 특정 기술의 동작을 할 줄 아는 사람이 아니라 인테리어 현장의 수요를 맞추고 고객의 문제를 해결할 수 있는 사람이다. 나아가서 스스로 학습하고 발전해가는 사람이다. 기술자가 되려면 기술자와 같은 눈으로 현장을 바라보고 생각하는 것을 배워야 한다.

젊은 타일 기술자는 대다수 아버지로부터 경험과 기술을 물려받는 경우가 많다. 나의 경우는 그렇지 않았다. 주위에 관련 직종을 가진 사람은 아무도 없었다. 타일공 비슷한 사람도 못 만나봤다. 나의 경우는 단기코스였다. 일단 절박한 무직자가 되었다. 이 시점은 내 인생에서 퍽 중요했다. 본래 내가 하고 싶던 일, 본래의 계획에서 한 발자국 떨어져 보았다. 머리와 마음을 비우고 꽉 움켜쥐고 있는 손에서 힘을 빼보았다. **해봐도 안 되는 경우가 인생에는 존재한다는 깨달음 덕분이었다. 그래서 멘토를 찾아갈 수 있었다.**

일종의 진실의 순간이 아니었나 싶다.

그렇게 해서 나는 타일공이 될 수 있었다. 타일 현장에서 만나왔던 수많은 사건들과 장애물을 처음부터 알았다면, 나는 시작하지 않았을 것이다. 그럼에도 불구하고 세월이 지나 여기까지 온 것을 보면 나에게 잘 맞는 것 같다. **'자유로운 일에 몰두하고 싶다' 하고 종이에 쓰던 소원들이 기술직을 통해 이뤄져 있었다.**

독자님들은 이 책을 통해 먼 길을 돌아가지 않아도 될 것이다.

이 책에서 다루는 것과 다루지 않는 것

이 책은 기술 서적의 형식을 갖추지 않았다. 시멘트 묻은 작업복 입고 있는 사람이 현장에서 커피 타임을 하면서 후배든, 고객이든 누군가를 만나 담담히 이야기하는 장면을 상상하며 썼다. 독자는 타일공이 되고자 하는 구체적인 목표를 가진 분, 현재 조공으로서 기술자가 되려는 목표를 가진 분, 또 현장기술직 전반에 대해 관심을 갖고 계신 모든 분들이다.

머리 속으로 상상한 것들이 아니라 현장에서 실제로 경험한 것을 담았다. 기술직이 갖는 장점, 또 어려움에 대한 나의 견해를 솔직하게 썼다. 어떻게 기술을 배우는지에 대해 이야기했다. 정확히 표현하면, "어떤 마인드를 가져야 기술을 습득할 수 있는지"에 대해 설명했다. 어떻게 첫발자국을 떼는지에 대해 이야기했다. 어떻게 좋은 멘토를 알아보고 또 좋은 동료를 알아보는지에 대해 썼다. 피해야 하는 사람을 걸러내는 내 나름대로의 방법을 썼다. 기술직으로서 가장 중요한 덕목이 무엇인지에 대해 정리했다.

기술직은 1인 기업이다. 기술과 장비가 제 1의 자산이다. 여기에 위기관리가 필요하고 협력업체가 필요하다. 나아가 명확한 비전을 가져야 한다. 사회 초년생의 내가 알지 못했던, 그때 알았으면 더 좋았을 교훈들을 설명했다. 교훈은 그 가치를 알아보는 분들에게 매우 큰 이익을 가져다 준다.

타일공의 시장전망에 대해서는 설명하지 않았다. 시장은 늘 변한다. 변하는 상황에 대처하는 원칙이 있을 뿐이다. 또 구체적인 수입에 대해서는 설명하지 않았다. 수입은 개인 차이가 있으며 많은 분들이 현장기술직에 뛰어들고, 또 많은 사람이 중도에 떠나는 것도 사실이다. 관념 속에 있는 기술직과 실제 현장에는 차이가 있다.

일손이 급하면, 주위 인맥으로도 안 되면, 인터넷 커뮤니티에 공지를 올려서 보조해 줄 사람을 찾아내야 할 때가 있다. 연락이 닿아서 날짜와 시간, 급여 약속을 한다. 아침에 만나면 자신감에 차 있다. 먼저 자재 양중을 설명하고 일을 부탁한다.

'사십키로 몰탈 한 포대 쯤이야!'

그분은 이런 표정을 짓는 것 같다. 계단으로 자재 양중을 시작하는 걸 지켜본다. 잠시 다른 일을 처리하다 보면 그분이 안 보인다. 몰탈을 1층에서 2층으로 가는 중간에 내려놓고는 사라지고 없다. 전화를 받지 않는다. 어떤 사람은 현장에 나오기로 약속을 했다가 당일 새벽에 취소 문자를 보내거나 아니면 잠수를 탄다. 전부 실제로 겪는 상황이다. 오죽하면 그러겠나. 이 바닥에서 아무나 자리를 잡는 것은 아니다.

또 이 책에서는 타일공으로서 돈을 많이 버는 방법은 설명하지 않았다. 타일공은 일당이 높아도 몸을 움직여 일하는 직업이다. 타일이 스스로 기어가서 붙어주면 참 좋겠지만 그러지 않는다. 몸은 하나이며 평생 쓸 수 있는 무릎도 일생에 한 번만 주어진다. 원없이 일을 한다고 기하급수적으로 소득을 올릴 수 있는 직업은 아닌 것 같다.

꼭 말씀드리고 싶은 것은 정신이 육체를 지배하는 것과 마찬가지로, 마인드가 기술직의 성패를 좌우한다는 사실이다. 가장 큰 문제는 초보에게 피가 되고 살이 되는 이야기를 해줄 수 있는 "좋은 사수" 자체가 많지 않다.

수많은 사람들이 기술직에 뛰어든 후에 이런 저런 이유로 그만두는 현상은 바로 그 때문이다.

그래서 이 책이 세상에 필요하다. 경험자의 말 한 마디는 타일 초보자의 몇 달 어쩌면 몇 년을 단축할 수 있다. 아무것도 모르는 사람이 방향을 잘못 설정하는 데에 따르는 실패를 줄여준다.

'시멘트 만지는 일'이야말로 내 일생에서 가장 거리가 멀었다. 건설현장직 중에서도 관념상 가장 힘든 부류에 속했다. 그것이 일상이 되자 고정관념이 깨졌다. 관념은 깨지기 위해서 존재한다. 사람이 자기 자신을 백 프로 안다고 할 수는 없다. 주변 사람, 심지어 가족들도 마찬가지다.

직업이란 나의 진짜 옷을 찾아가는 여행이다.
인생이란 나의 진짜 모습을 찾아가는 여행이다.

어떤 사람은 자기에게 맞지 않는 옷을 입고서 일생 중 아주 많은 시간을 괴롭게 보낸다. 어떤 사람은 평생을 자기 진짜 모습을 모르고 살다 가기도 한다. 나는 그걸 찾아가고 싶은 분들을 만나고 싶어서 이 책을 썼다. 시멘트 만지고 근육이 아픈 현장 생활은 책상에 앉아 그저 월급날을 기다리던 사무직에게 많은 교훈을 주었다. 그런 사실들을 이야기하고 싶어서 이 책을 썼다.

타일이라는 기술직은 "타일" 자체로서가 아니라 진실된 내 자신을 찾아가는데 중요하고 강력한 도구였다. 독자님들께 권하는 것 역시 그렇다. 타일을 하지 않아도 된다. 타일이 모두에게 맞는 것도 아니다. 하지만 자유로운 자신의 본 모습을 찾아가야 한다. 그것만은 모두에게 필수다.

자유로운 현장전문직에 관심 있는 모든 분들에게 이 글이 가 닿았으면 한다.

▲ 한번 골라서 입어보시죠! 내게 맞는 옷인지 어떻게 알지요?

곱씹어 보기 :

1. 어떤 만남은 인생의 모든 것을 바꾸기도 합니다.

2. 이 책은 그런 만남에는 못 미치더라도, 하나의 계기가 될 지 모릅니다.

3. 이 책은 기술직에 관심 있는 모든 분들에게 '지름길'을 제공합니다.

안 해 본 사람은 모르는
현장 기술직의 장점

기술자는 돈을 잘 번다

유독 타일공이 수입이 좋다는 소문이 있는 것 같다. 일당만 따진다면 그렇게 오해할 수 있다. 배관, 설비, 필름, 목공, 페인트 전부 다 타일 못지 않다. 용접공도 일당이 높다. 높은 전신주에서 작업하는 전기 기사의 일당도 높다. 지게차, 기중기, 포크레인 기사의 일당도 높다. 한 달에 며칠을 일하는지 따져봐야 일당이 아닌 진짜 소득이 나온다.

타일 고급기술자의 일당이 30~35만원 선이라고 가정할 경우, 한달에 20일을 일하면 600만원의 계산이 나오지만, 그만큼의 일감을 받아야만 가능하다. 거시적으로 판단해 볼 때에 인테리어 고급기술자의 가치는 점차적으로 높아질 것이라 생각한다. 먼저 이 말씀을 드리고 싶다.

많이 버는 것과 잘 버는 것은 다르다.

'잘 버는 것'이란 일을 하면서 기술 또한 향상되어 선순환이 이뤄지는 것이다. 이것이 현장기술직의 첫째 가는 장점이다.

디지털드로잉에 관심이 있어서 프로 작가들의 채널을 살펴볼 때가 있었다. 작가들도 "그림을 그릴 때마다 새로운 걸 배운다"고 했다. 사실이 그렇다. 현장에 단 하루를 가도 거기서 많은 걸 배울 수 있다. 새로운 상가와 오래된 아파트의 변칙적인 실내 구조, 바탕면의 상태, 타일 스펙, 고객의 요구사항….

타일 조공의 일당이 12~15만원이라고 해보자. 조공의 일당은 그 사람의 숙련도와 기여도에 따라 그를 데려온 사수가 제시한다. 조공의 일차적인 목표란 기술적 난이도가 상대적으로 낮은 작업을 처리해서 기공의 작업에 효율을 더하는 것이다. 시멘트 몰탈이나 타일접착제 믹싱을 하고, 타일을 옮겨주고, 커팅을 한다. 더 발전하면 핸드그라인더로 타일 가공을 한다. 때에 맞게 주변 정리와 공구 정리를 한다.

타일 조공으로 한 달에 토, 일요일을 쉬면서 20일을 일하면 300만원이다. 점심까지 제공받으면서 마감에 대한 압박이나 품질에 대한 책임없이 월 300만원이다. 평생 갈 기술을 배우는 입장에서 너무나 괜찮은 중간 단계가 아닐까 싶다.

머리를 식히고 싶을 때는 나도 조공 일을 나가고 싶을 때도 있다.

조공의 경험과 숙련도가 발전해갈수록, 이를 눈여겨보는 사수는 새로운 작업을 맡겨본다. 그러면서 나중에는 조공과 기공이 아니라 똑같이 난이도 있는 작업을 하는 파트너 두 명이 된다. 파트너! 이것은 참 아름다운 장면이다. 배우면서 번다, 이것이 "잘 버는 것"의 핵심이다. 조공에서 준기공으로, 고급기술자로 성장할수록 일당은 늘어난다. 경력제, 호봉제가 아니라 실력제다.

계절에 따라 비수기가 있고 개인 사정에 따라 일을 못하는 시기도 생긴다. 기술자가 독립한 이후 일이 별로 없는 시절에는 불안감이 엄습해오기도 한다. 신용카드 자동이체일이 다가온다거나 대출금 상환일이 다가온다거나….

초보 시절에 나는 인테리어 기술자 커뮤니티에 글을 올려 데코타일 보조로 나간 적이 있었다. 엘리베이터가 없는 건물의 PC방 리모델링 현장이었다. 아침 일찍 현장에 도착해서 데코타일이 포장된 박스들을 전부 계단으로 올리고, 커터칼을 건네받아 즉석에서 데코타일 커팅 요령을 배웠다. PC방이란 커다란 방이 여러 칸으로 나눠져 있는 구조라 커팅이 매우 많았다. 어느덧 오후 6시가 지나고, 업체 사장님은 좀 더 복잡한 커팅도 나에게 주문했다. 바닥이 꺼져있는 곳에 데코타일 두 장을 겹쳐 깔아서 보완하는 노하우를 알려주었다.

저녁 8시가 넘어 하루 작업이 끝났다. 나는 저녁 식사까지 대접받고 일당 18만 원을 받았다. 사장님은 집에 들어갈 때 가족들을 위해 맛있는 거라도 사들고 가라고 말씀해주셨다.

청년의 실업률은 단골 뉴스가 된다. '취업난'이라고도 표현한다. 나도 예외없이 그런 난리 속에 있다고 느꼈다. 인테리어 현장에 눈을 뜨고 난 후에 바깥에 나가서 보이는 건물 전부가 내 일터라는 사실을 깨달았다. 타일이 안 들어가는 건물은 하나도 없다. 욕실이 없는 집은 하나도 없다. 온 세상이 일감으로 가득 차 있었다.

과연 돈은 못 버는 것인가, 안 버는 것인가?
나는 그렇게 생각하기 시작했다.

기술자는 자유롭다

기술자의 자유로움이란 모두가 이미 잘 이해하고 계실 자영업자, 프리랜서의 독립성이다. 돈이 쌓여 있어서 일할 필요가 없는 경제적 자유 상태를 뜻하는 것은 아니다. 선택하고 책임질 자유, 꿈을 꿀 자유, 그리고 누가 시켜서 아니라 스스로 앞으로 걸어 나가는 자유를 뜻한다. 또 남에게 의존하지 않아도 되는 자유다. 안정과 승진의 로드맵, 조직의 복지 혜택을 선호하는 사람이 있다. 반면 독립성과 자유로움이 잘 맞는 사람이 있다. 각자 선택에 달렸다.

농사꾼이 소작농 신분이라면 남의 밭에서 고생해서 수확을 얻어도 일정량은 주인에게 줘야 하고, 자신의 가족은 먹고 살 수 있을 만큼만 번다. 또 신분을 잃으면 수입이 없어지기 때문에 많은 의사결정이 고용주에게 종속된다.

독립기술자의 자유란 소작농과 달리 자기 땅에서 농사를 짓는 자작농과 비슷하다. 부동산 중개인, 자동차 수리공, 목수, 배관공, 컨설턴트, 개발자, 디자이너, 변호사도 그런 직업이다. 이러한 직군에 있는 분들은 어떤 전문적인 일을 처리할 때에 필요하다. 그들은 오랫동안의 경험을 바탕으로, 자신들이 생각하기에 가장 올바른 방식으로 하는 것을 선호한다. 또 자신의 전문성에 대한 타인의 신뢰, 일하는 과정에서의 독립성을 중요시한다.

타일공에게는 전화가 걸려온다. 성수기에는 하루 만에 전화 몇 통화가 몰려와서 한 달 일정이 다 채워지기도 한다. 물론 모든 일을 다 받지는 않고, 그렇게 할 수도 없다. 인테리어 업체 또는 개인 고객이 어떤 요구를 하는지를 살피고, 현장이 어떤 지를 알아야 한다. 그런 다음 금액을 제시한다. 현장에 가본다.

그 과정에서의 결정권자는 자기 자신이다. 이 프로젝트를 하고 얼마를 벌 것인가? 현장에서 일어날 문제와 마감 디테일을 누가 처리할 것인가? 자유로운 기술자는 모든 것을 결정하고 책임을 진다. 그런 일이 잘 맞는 사람이 있다.

타일 기술자가 된 후에는 직장에 다닐 때처럼, **조직의 목표와 내 개인의 목표 사이에서 교집합을 따질 필요가 없었다.** 매일 매순간 나 자신이 바로 사업체라는 사실을 실감했다. 고객 상담을 하고 현장을 구석구석 보고 정성을 들여 견적을 제시하고도 프로젝트를 따지 못할 때가 있다. 일이 많아서 어려운 시기, 일이 없어서 어려운 시기를 만나기도 한다. 그러나 걱정하지 않아도 된다. 자유로움과 책임을 모아서 성과를 만들어내는 작업을 계속 해나가면 된다. 그것은 평판이 된다.

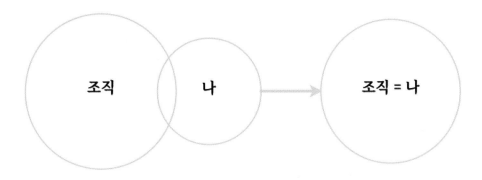

▲ '조직과 나'의 목표에 교집합이 많을수록 서로는 윈윈하는 관계이다. 교집합이 전혀 없다면 내 몸에 맞지 않는 옷일지 모른다.

우리는 휴가를 내기 위해 누군가로부터 허락을 받을 필요가 없다. 휴가 시즌이 전혀 아니더라도 가족 여행을 계획할 수 있다. 내가 쉬기로 결정하면 된다. 몇월 몇일에 지인 경조사가 있어도 결재를 올릴 필요없다. 그 날짜를 내가 비워놓으면 된다. (수입도 비워지므로 조심)

타일 조공으로서 시작하는 단계에서는 팀에 속해서 움직일 때가 많다. 내가 영업하지 않아도 되는 편안함이 있지만 개인 스케줄링에 제한이 있을 수 있다.

"ㅇㅇ씨, 다음 일정은 며칠부터 며칠까지예요.
그거 끝나면 주말 지낸 후에 나흘간 일정이 더 있어요."

그럼에도 불구하고 조공은 기술직 본연의 특성에 해당하는 자유를 누린다. 그것은 내가 얼만큼 성장할지 매일 결정하는 자유다. 현장에서 돌아온 후 그날 보고 익힌 것을 얼만큼 복기할 것인지에 대한 자유다. 조공의 목표는 그날 일당을 받아가는 것뿐 아니라 ─ 일에 대한 정당한 대가도 매우 중요하다 ─ 기술적 숙련도를 높여 준기공이나 기공이 되는 것이다. 조공이라고 스스로를 잡부라 생각해서는 안된다. 머지않아 손에 타일 고대(톱니 고대, tile trowel)을 잡을 날이 오는 수습이다. 수습도 현장기술직이다. 기술직에는 자기계발에 충분한 동기부여가 존재한다.

기술자에겐 정년이 없다

우리에게 정년이란 존재하지 않는다. 기술력과 마감 퀄리티만이 있을 뿐이다. 타일 기술자는 건강과 체력만 잘 관리하면, 정년은 물론 구조조정에 대한 걱정을 안 해도 된다. 현장기술직은 경제적 가치가 높은 직업이다.

가까운 미래에 로봇이 타일링을 하는 세상이 올지는 모르겠다. 여담이지만 일론 머스크(Elon Musk) 테슬라 CEO는 미국 캘리포니아에 100% 로봇으로 돌아가는 전기차 공장을 설계했었다. 인공지능 로봇으로 엄청나게 많은 차를 빠르게 생산하기 위한 공장이었다. 결과는 목표에 미치지 못했다. 공장을 완전 자동화하기에는 비용이 너무나 컸다. 일론 머스크는 로봇을 과대평가했고, 사람을 과소평가했다고 시인했다.

인공지능(AI) 기술이 가파르게 발전하고 있으므로 사람들의 일자리를 AI가 다 잡아먹을지 모른다는 두려움도 있다. 사라지는 일자리도 있지만 새롭게 생겨나는 일자리도 많을 것이다. 앞으로 지켜볼 일이다.

국내 이동통신 3사의 경우 KT를 시작으로 콜센터에 AI를 도입한 결과, 이직율이 전보다 줄어들었다는 사실은 널리 알려져 있다. 직원들의 정신적 스트레스가 해소되었기 때문이었다. 이동통신사의 고객 상담사들은 단순 반복 업무에서 벗어나 더 고차원적인 업무를 할 수 있게 됐다.

▲ 바닥 높낮이에 따라, 타일 사이즈의 미세한 차이에 따라 수작업으로 처리해야 하는 오묘하고 복잡한 과정을 기계로 완전 대체하려면 얼마만큼의 비용이 들까?

테슬라는 로봇으로 움직이는 전기차 공장을 세웠지만 그것을 관리할 수 있는 인력 뿐 아니라 컴퓨터 비전 과학자, 로봇 엔지니어, 딥 러닝 과학자, 머신러닝 시스템 엔지니어, 배터리 알고리즘 엔지니어 등을 더 고용했다.

타일 기술자는 현장에서 눈과 손으로 타일의 단차(— lippage, 타일과 그 옆 타일의 높낮이 차이를 단차라 부른다. 단차는 0mm에 가까워야 한다)를 잡는다. 고르지 않은 바탕면을 정리하고 필요할 경우 쇠망치를 쓴다. 바탕면의 상태와 타일의 종류에 따라 접착제 두께와 농도를 조절한다. 0.1mm에서 심하게 1mm 이상에 이르는 타일 사이즈 편차에 따라 보기 좋게 줄눈 간격을 나눈다. 이런 것을 자동화하려면, 더욱이 적은 비용으로 해결하려면 많은 시간이 필요하다.

대신 타일 장비는 다양하게 발전할 것이다. 또 타일 제품도 고급화할 것이다. 타일 기술자는 장비를 잘 다루는 고급 오퍼레이터로 변해가지 않을까?

타일 기술자만 정년이 없는 게 아니다. 몇 년 전의 일이다. 현장에서 배관이 터져 공정이 멈춘 적이 있었다. 동네에서 나이 지긋하신 배관공이 조그마한 공구박스를 들고 오셔서는 깨진 배관을 잘라내고 새 것으로 끼웠다. 머리 띠를 질끈! 동여매는데 10분, 작업하는데 15분, 그리하여 총 시간은 25분 걸렸다. 그분은 25만 원을 받아서 돌아갔다. 1분에 만 원씩이 아닌가! 감탄했다.

▼ 60x60cm 포세린(Porcelain, 포슬린) 타일링. 서울 마포구 중동

샤워기 배관에서 누수가 발생한 세대가 있었다. 누수 전문업체 사장님이 역시 나이 지긋하신 보조와 함께 오셔서는 여러 장비를 가지고 누수 지점을 찾아 해결했다. 한 시간 정도 걸렸고 그때 기준으로 50만 원을 받아서 돌아갔다. 이러한 분들은 시간당 단순 임금을 따지는 직종에 있지 않다.

기술자의 일터는 늘 새롭다

나는 직장에 다닐 적에 서울 지하철 3호선, 그리고 지하철 2호선과 친했다. 싫어도 좋아도 매일 아침 저녁으로 만났다. 출근 시간대에 특히 이 지하철은 까탈스러워서, 미리 출입문 바로 옆에 서 있지 않으면 내 몸이 다른 몸들 사이에 꽉 끼어서 문이 열려도 내릴 수가 없었다.

기술자가 되어보니 똑같은 출퇴근길, 똑같은 지하철하고 굿바이 할 수 있었다. 매일 또는 매번 다른 현장으로 출근했다. 현장마다 고유한 특성이 있고, 넘어야 할 난관이 있고, 타일의 스펙이 다르고, 가장 중요한 것은 고객님의 상황과 처한 과제가 모두 달랐다.

한 번도 평범하고 쉬운 현장이 없었다. 매 현장마다 배웠다. 나는 점점 그 사실을 장담할 수 있었다. 내일 또 다른 현장에 나가면, 예측 못한 상황이 있을 것이고 새로운 것을 배울 것이다.

'그렇지만 나는 예측 가능한 일이 좋아요!'

예측 불가능한 문제를 좋아하는 지구인은 없을 것이다. 하지만 피할 수 없는 어려움을 말 그대로 피할 수 없는 생활이 더 싫어서, 나는 현장을 선택했다. 알면서도 매일 답답함을 견뎌야 하는 생활이 더 힘들다고 생각한다. 그런 생활을 오래했다.

현장에서 유난히 까다로운 고객을 만날 때도 있다. 아! 마감의 정답이란 과연 무엇일까? 실리콘의 표준 두께란 무엇이며, 균일한 줄눈 깊이, 타일의 단차 최대 허용 범위는 무엇일까? 너무나 집착하는 분들도 있어서, 컴퓨터로 만든 이미지와 똑같이 나올 것이라 기대한다. 그런 경험은 힘겨운 과정을 거쳐 내 눈을 예민하게 만들고 마감 수준을 끌어올린다.

기술직 입장에서 가장 이상한 사람은 어떤 분이냐면, 타일 마감을 봐도 아무 말이 없고 무표정한 분이다. 많은 비용을 들여서 타일 공사를 왜 하셨는지 모르겠다. 간혹 그런 분을 만난다.

기술자는 일하는 만큼, 노력하는 만큼의 성과를 낸다

우리는 하루를 시작하면서 그날 작업해야 할 분량을 대략 알고 있다. 얼만큼의 면적을 목표로 하고 있고 어떤 부위의 특정한 처리 방법을 계획하고 있다. 기술자라면 60x60cm 타일 한 장을 붙이면서 그게 만 원짜리라는 생각을 해도 될 것이다. 타일 한 장을 붙이면서 그 옆에 떨어진 지폐를 줍는다고 생각하면 아무도 타일링을 단순 육체노동으로 여기지 않을 것이다.

여기서 일당이냐, 도급이냐의 문제가 발생한다. 단순 일당 계산일 경우 기술자는 일을 빨리 할 이유가 없어진다. 가만 있어도 시계바늘은 째깍째깍 저녁을 향해 돌아간다. 하지만 일감을 준 인테리어 업체는 기술자로부터 최대한 많은 물량을 끌어내고 싶다. 비용을 줄여야 하기 때문이다. 이런 갈등에 대해서는 나중에 상세히 다뤄보도록 하자.

기술직은 일의 성과에 대한 측정 방식이 명확하고 또 단순하다. 일은 내가 해놓고 성과는 직속 상사나 동료가 가로채는 상황은 불가능하다. 인사권자에게 잘보이기 위해, 그러니까 승진을 하기 위해 사내 정치를 신경써야 할 필요가 없다.

원하지 않는 회식에 참석할 필요가 없다. 현장 마감이란 손으로 만져지고 눈에 보이는 것이서, 잘한 결과도 내 것이고 못한 결과도 내 것이다. 여러 사람들과 같이 팀으로 일해도 마찬가지다. 고생한 성과는 다음 달이 아니라 그날 즉시 주어진다. 기술 향상을 위해 고민하고 공부한 결과, 또 장비에 투자한 결과는 내년이 아니라 바로 다음 현장에서 나타난다. 나는 그런 점이 좋았다. ('비양심 하자 시공'을 하면 결과는 몇 달 후 또는 더 지나서 나타나겠지만 이런 경우는 논외다.)

기술자의 결과물은 아름답다

타일공은 대리석이나 타일이야말로 "인테리어의 꽃"이라고 '믿는다'. 고급호텔을 가보면 로비나 바닥, 욕실이 대리석이나 고급 타일로 마감돼 있기 때문일까? 물론 모두 의견이 다를 것이다.

전기 기사 : '조명이야말로 인테리어에 생명력을 불어넣는 화룡정점이다'
목수 : '목공이야말로 인테리어의 주인이자 핵심이다'
페인터 : '페인트만한 예술은 단연코 없다'

분명한 사실은 한 과정만 잘못되어도 좋은 인테리어 작품은 완성되지 않는다.

타일 공정은 철거, 설비, 방수 또는 목공과 달리 최종 마감이다. 그만큼 결과물에 예민해야 하지만, 반대로 작업을 마친 후의 아름다움을 제일 먼저 느낄 수 있다. 타일에는 색상 뿐 아니라 질감, 형태, 사이즈, 가공 방식 등 많은 디자인 요소가 존재한다. 나아가 욕실, 주방, 현관, 거실, 베란다, 야외 테라스, 계단, 가구, 건물 로비, 외벽, 지붕까지 다양한 공간에 적용된다. 타일공은 인테리어 공정 중 뭔가 그림이 되어가는 풍경을 일찍부터 경험한다. 거기서 보람을 느끼는 사람은 고객님의 만족과 기쁨을 바라보며 모든 수고로움을 보상받는다.

이러한 광경을 보면 인테리어 마감을 하는데 조명이 화룡점정이라는 것에 공감하게 된다.
전체 바닥의 마루를 걷어내고 포세린 타일을 시공한 사례. 경기 김포 고촌

"또 타일 인테리어 할 때 꼭 사장님께 하겠습니다"
- 정지ㅇ님, 경기 일산서구 대화동

"타일 시공 해주신 후 오셨던 폴딩도어, 탄성코팅, 블라인드 사장님들마다 타일 너무 잘 되었다고 칭찬을 많이 받았습니다. 무더위에 너무 고생 많으셨습니다."
- 박정ㅇ님, 서울 종로구 무악동

"이후에 줄눈코팅 시공이 있었는데요. 그분이 저희집 타일 바닥 보시더니 타일 시공 완전 쫀쫀(?)탄탄하게 잘 되었다고 칭찬 세 번이나 하셨어요."
- 김주ㅇ님, 경기 김포시 운양동

"…다시 봐도 감동입니다. 완벽한 설계를 해주시리라 믿고 있었습니다."
- 강신ㅇ님, 서울 구로구 고척동

"타일러 찾는 일에 가장 많은 시간을 들여 만난 악어타일 사장님^^ 작업하신 저희집… 많은 공간들이 작품입니다. 지인들이 오면 욕실 현관 주방 보며 감탄해요. 마감이 정말 예술이에요. 가구가 들어오고 더 빛나는 공간이 됐어요^^ 사진에 실제 느낌이 다 담기지 못해 많이 아쉬워요. 감사합니다."
- 고유ㅇ님, 인천 미추홀구 학익동

"공사기간 내내 프로페셔널한 모습으로 차분히 열과 성의를 다해주시는 모습이 정말 좋았습니다. 오래된 단독주택이라 문제도 많았는데 초기에 약속해주셨던 부분에 대해선 기대 이상의 솔루션을 제공해주셔서 정말 식구들 모두 감동했어요."
- 이현ㅇ님, 서울 동작구 상도동

"시공도 잘 하시고 가장 중요한 건 정리 정돈하시면서 하시는 모습 너무 감사합니다. 많이 신뢰가 갑니다. 시공이 워낙 잘 되어 매우 만족스럽네요. 감사합니다!"
- 박상ㅇ님, 경기 파주시 동패동

타일 기술자는 이런 분들을 만나면서 내가 하는 일이 쓸모있다는 사실을 느끼고 또 이런 말을 듣고 싶어서 다음 현장으로 나가는 것 같다. 해보지 않은 사람은 모르는 현장 기술직의 중요한 마지막 장점이 있는데, 이는 책의 맨 끝장 "자유롭고 행복한 기술자가 되자"에서 설명한다.

곱씹어 보기 :

1. 배우면서 돈을 번다 - 이것이 기술직의 첫번째 장점입니다.

2. 기술직은 자유롭고 또 정직한 벌이입니다.

타일링 결과물의 종류와
필요한 기술

바탕면의 준비

이 챕터는 아파트의 신축 현장이 아닌 인테리어 위주로 서술했으나 대략적인 방향은 같다. 또한 '타일의 종류'가 아닌 편의상 "타일시공자가 경험을 쌓아감에 따라 경험하는 상황"에 따라 분류했다. 신축 아파트의 욕실, 계단 작업은 건설사에서 의도하여 대량 생산하는 똑같은 그림이다. 이와 달리 인테리어 현장에서는 개인 고객의 수요에 따르는 다양한 디자인을 경험할 수 있다.

우리가 **초보자에게 가장 먼저 시켜보는 일** 중의 하나는 바닥을 먼지 없이 쓸어내는 것이다. 빗자루질을 깨끗하게 또 치밀하게 하기를 주문한다. (이게 안 되면 오래 지켜볼 것 없이 집으로 돌려보낸다.) 빗자루질에 별 거 있나, 생각할 수 있지만 바닥에 모래 한 톨도 없어야 타일 접착제를 펴바를 수 있다. 철거가 덜 된 부분, 못이 제거되지 않은 부분 등 타일링을 방해하는 요소가 있다면 망치로 치거나 잘라내거나 해서 제거해야 한다. 이것은 기본기이다. 평생 하는 일이다.

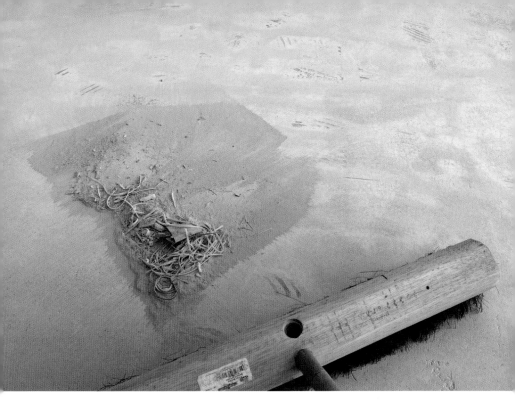

▲ 마루 철거가 끝난 바닥의 청소. 인천 검단신도시

실력이 아무리 좋은 기술자도 준비 안 된 바탕면에 타일을 붙이지는 못한다.

한국의 인테리어 환경에 있어서 바탕면 준비란 많은 뜻을 내포하고 있다. 한국은 기존에 작업된 타일을 철거하지 않고 그대로 타일 시공(tile on tile, 덧방 시공)을 많이 한다. 철거와 미장을 생략하므로 공사 비용이 드라마틱하게 줄어드는 것은 사실이다. 그러나 매끈한 타일의 겉면을 갈아내거나, 그외 접착성을 높이기 위한 방안을 강구해야 한다. 본래의 타일을 뒤늦게 철거하겠다는 결정을 내릴 때도 있다. 기존의 타일이 일부 또는 전체 들떠 있다는 진단을 내렸기 때문이다. 이런 경우는 급해서 철거팀을 다시 부르지 못한다. 타일 작업자가 망치질을 한다.

어찌되었건, 타일을 붙일 수 없는 면을 붙일 수 있도록 만드는 것부터가 타일 공사의 출발이다. 먼지, 페인트, 오염을 제거한다. 울퉁불퉁한 표면을 평평하게 만들기 위해 보드 작업을 하기도 하고, 몰탈 미장을 하기도 한다.

바닥 중앙의 배수구로 물의 흐름이 반드시 필요한 욕실 바닥, 베란다 바닥의 경우 사모래(시멘트 몰탈 cement mortar)로 물매(물이 흘러가기 위한 경사도, 구배)를 잡아야 한다. 베딩(bedding), 스크리딩(screeding), 주거미 작업이라고도 한다. 이 과정이 정확해야만 타일링의 과정이 매끄럽다. 타일 기술자는 내공이 올라갈수록 바탕면 준비를 건너뛰는 과정없이 철저히 한다. 즉 수준이 깊어질수록 일이 쉬워지지 않고 어려워진다. 공사가 크건 작건 간에 현장을 미리 가서 살펴보는 이유가 있다면 바탕면 준비 때문이다.

▼ 덧방 작업에 앞서 기존의 타일 면을 갈아낸 모습. 매끈매끈한 타일 표면을 그대로 두고 시공하면 접착성이 떨어진다. 경기 김포 장기동

접착제의 준비

타일공의 하루는 접착제 믹싱으로 시작하여 접착제 통을 정리하는 것으로 끝난다. 아크릴계 타일본드(ㅡ아크릴계 타일접착제는 공기와 만난 후 경화된다. 일액형으로 뚜껑을 열자마자 사용할 수 있다.)가 있는데, 습기에 약하기 때문에 물이 닿지 않는 장소의 벽체, 세라믹 타일(도기질)에 얇게 적용할 때에 가장 좋다. 나머지 대부분 종류의 타일 접착제는 시멘트 기반으로, 물과 함께 믹싱해야 한다. (ㅡ시멘트는 물과 만난 후 경화된다. 시멘트 기반 타일 접착제에는 여기에 골재와 폴리머 등 접착력, 강성, 신축성을 개선하는 성분이 첨가된다.)

균일한 믹싱이 중요하기 때문에 믹싱드릴을 사용한다. 물의 양은 접착제의 매뉴얼을 기본으로 한다. 대부분의 제품은 1차 믹싱 후 화학적 반응이 일어나도록 3분을 그대로 두었다가 다시 믹싱하여 준비를 끝낸다.

앞서 바탕면 준비단계는 접착제에 영향을 미친다. 매끈하게 미장이 되었다면 접착제를 최적의 얇은 두께로 사용하여 작업할 수 있다. 그 반대라면, 접착제를 두껍게 써야 하는 상황이 온다. 많은 양의 접착제를 써야 한다.

접착제 믹싱의 농도는 다시 이후의 모든 작업에 영향을 준다. 기준은 작업자마다 약간씩 다를 수 있다. 작업환경에 따라 물의 양을 조절하기도 한다. 물을 일부러 많이 써서 접착제를 질게 만들 이유가 없지만, 건조한 날씨에는 접착제에서 수분이 많이 증발하여 빨리 굳는 경향이 있다. 이 경우 물을 더 첨가한다.

믹싱을 완료한 순간부터 우리는 심장박동이 약간 빠르게 뛰는데, 접착제의 가사시간(pot life) 때문이다. 물과 믹싱한 시멘트는 "화학 반응"이 일어나고 있는 중이다. 다시 말해 사용 시간에 제한이 있다. 신선도가 떨어지고 굳어가기 전에 소비해야 한다. 시멘트의 양생은 화학 반응이므로 최적의 온도 범위가 있다. 특히 섭씨 5도 이하로 내려가는 환경이어선 안된다. 따라서 겨울철 야외 시공의 경우에 유의해야 한다. 타일 기술자는 시멘트와 몰탈 뿐 아니라, 폴리머가 들어간 고성능 접착제의 특성을 잘 이해해야 한다.

일반적인 타일링

일반적이라는 것은 나의 주관에 따른 분류인데, 일반적인 타일이란 세라믹 타일(도기질) 250x400mm, 300x600, 혹은 200x200이나 300x300 자기질 바닥 타일이다. 다양한 제조사와 제조 국가에 따라 더 작거나 큰 것도 있다. 타일링 기본기를 연습하기에 적당한 크기이고 가격도 상대적으로 저렴하다. 수직 수평을 맞추고, 줄눈 간격을 일정하게 하고 또 단차가 없도록 붙이는 훈련이 대개 이 단계에서 이뤄진다.

▼ 사실은 접착제 믹싱을 하기 전에 커피 한 잔을 먼저 하고 시작해야 하지 않겠나!
호주 퀸즐랜드주 채플 힐 Chapel Hill 주택

베란다와 욕실 바닥은 배수구를 향해 바닥에 경사가 만들어져 있다. 기울어진 바닥 타일링을 최소한의 단차로 매끄럽게 해내는 것은 중요한 연습이다. 바닥 타일링을 배우면 타일을 다 배운 것이라는 말도 있다.

타일 크기에 따라, 벽면 상태에 따라 적절한 사이즈의 톱니 고대(tile trowel)를 사용해서 접착제를 바탕면에 바른다. 톱니 크기는 6mm, 8mm, 10mm 혹은 그 이상의 것을 쓴다. 제조사의 설명에 따르면 타일 접착제는 얇게 쓸수록 좋은 성능을 발휘한다. 또한 최대 허용 두께가 존재한다.

▶ 다양한 사이즈의 톱니고대

브릭(Brick) 타일링

요즘 우리나라에 유행하는 타일의 사이즈가 크다 보니, 손바닥만하거나 그보다 작은 타일을 써서 연출을 하면 정갈하고 유니크한 분위기가 만들어진다. 타일이 작고 얇으면 핸들링이 편하지만 단차없이, 줄눈 간격을 일정하게 만드는 데에 기술자의 끈기와 솜씨를 발휘해야 한다. 타일 두께를 반영하여 톱니 고대는 톱니 크기가 일반적으로 더 작은 것을 쓴다. 1mm, 1.5mm 등의 타일 스페이서를 써도 되지만 눈과 손을 훈련하는 것이 필요하다. 타일 사이즈가 들쭉날쭉한 경우가 많기 때문이다.

브릭 타일링을 하면 줄눈 작업에도 공이 많이 든다. 이후에 다시 기술하겠지만, 사이즈가 작은 타일 – 줄눈의 비중이 큰 타일링에서 줄눈은 더욱 높은 수준을 요구한다. 브릭 패턴, 1/3 패턴, 세로형 패턴, 가로형 패턴, 헤링본 패턴 등 다양하게 구현할 수 있다. 타일 자체에 랜덤으로 패턴디자인이 되어 있는 경우는 미리 섞어놓고 쓴다. 혹은 같은 사이즈에 서로 다른 색상을 섞어서 연출하기도 한다. 이 경우 작업자는 타일 한 장 한 장을 봐야 한다. 시간이 오래 걸리지만 잘 연출하면 타일을 디자인한 사람이 의도한 훌륭한 그림을 얻을 수 있다. "북유럽풍 패턴 타일" 등의 홍보 문구를 자재 쇼핑몰에서 흔히 볼 수 있다. 수제 타일에도 다채로운 패턴이 등장한다.

헥사곤(Hexagon) 타일링

말 그대로 육각 타일인데, 타일 한 장을 붙이며 네 개의 꼭지점이 아니라 여섯 개의 꼭지점을 유념해야 한다. 가장자리 커팅을 위해 측정을 할 때도 수고가 더 든다. 헥사곤 타일링은 처음에 기준이 되는 라인을 정확하게 하지 않으면 나중에 타일을 끼워넣을 자리가 없어질 정도로 줄눈이 틀어진다. 또한 좌우, 처음과 끝의 배치를 처음부터 잘 계획해야 한다. 좋은 방법은 접착제 없이 타일을 한 줄로 바닥에 미리 깔아보는 것이다.

포세린(Porcelain, 포슬린) 타일링

고온소성(1,200도 이상)하여 흡수율이 0.5% 미만의 포세린 타일은 강도가 높아서 자기질 타일 중에서도 특별하다. 300x300 또는 600x600 이상의 크기로 만들어져 국내에 유통된다. 포세린 타일 표면을 광택이 나도록 연마 가공한 것을 통상 폴리싱(polished) 타일이라 부른다. 표면 가공의 차이이므로, 본질적으로는 둘 다 포슬린이다. 국내 인테리어에서 포세린 타일을 많이 적용하는 이유 중 하나는 질감이 고급스럽고, 또 벽과 바닥을 큼직한 같은 타일로 통일할 수 있어서 미적인 안정감을 주기 때문이 아닌가 한다. 게다가 실내, 실외 환경에 모두 적용할 수 있다.

▲ 야외 테라스에 적용된 포세린(포슬린) 패턴 타일. 경기 파주

대형 포세린 타일 즉 600x600, 900x900, 600x1200 또 그 이상의 타일은 무겁고 큰 것을 다루는 만큼 작업 난이도가 높다. 대형 타일의 핸들링과 가공에 적합한 특수한 장비가 있다.

대형 타일 시공이 늘어날수록 타일작업자는 바탕면 준비에 철저해야 한다. 선진국의 대형 타일 시공과 한국 특유의 대형 타일 시공법에 차이가 있다면 바탕면 준비—기본을 준수하는 태도—에 있다고 할 수 있다. 바닥에서 천정까지 닿는 대형 타일 한 장이 벽체에 시공된다고 하자. 무슨 재료, 어떤 공법으로 할 것인가? 대형 타일의 공법에 대해서는 차후에 좀 더 상세히 서술하고자 한다.

우리가 이 주택의 테라스 작업과 수영장 타일링을 끝냈을 때에, 주인집 부부는 특히 코핑 타일이 쓰인 계단 턱을 만져보며 매우 만족해했다. '내일은 안 와요?' 고마움과 왠지 모르는 아쉬움을 표현했다. 이분들은 나를 만날 때마다 Aussie 플랫 화이트 커피를 내려주셨다. 호주 퀸즐랜드주 채플 힐 Chapel Hill 주택

모자이크(Mosaic) 타일링

모자이크 타일은 작은 타일 조각들이 그물망에 붙어있는 형태이다. 자기질로 된 것이 많다. 각각의 타일은 정사각형, 직사각형, 원형, 호리병 모양 등 매우 다양하고 그것들이 일자형, 브릭 패턴, 헤링본 패턴 등으로 구현돼 있다. 작업 결과물에서는 당연히 망과 망 사이의 구분이 없어야 한다. 처음 기준이 되는 라인을 정밀하게 작업해야 한다.

모자이크 타일은 줄눈이 많기 때문에 줄눈 시멘트의 소요량이 많고 작업에도 많은 노력이 든다. 타일이 작다면 거의 타일 반, 줄눈 반이다. 모자이크 타일이 주는 시각적인 효과는 강렬하고도 화려하다. 포인트를 주고자 하는 면에 모자이크 타일이 애용된다. 그곳은 현관 바닥일 때도 있고, 주방 미드웨이일 때도 있고, 욕실의 거울이 달리는 정면 벽일 때도 있다.

▼ 카페에 구현된 모자이크 타일 벤치. 핑크색 줄눈을 조색했다. 경기 일산 풍동

▲ 욕실 포인트벽(feature wall)의 헤링본 타일링. 벽체 미장을 한 후에 타일을 마감했다. 세면대 두 세트를 설치한 모습. 경기 김포 장기동

헤링본(Herringbone) 타일링

말 그대로 직사각형으로 길쭉한 타일을 물고기 등뼈와 같은 패턴으로 작업한 것이다. (어쩐지 본래부터 물고기 등뼈가 싫었다) 헤링본이라는 말은 재료가 아닌 패턴을 뜻하므로 타일, 마루, 직물, 매듭, 땋은 머리에도 사용된다. 헤링본 타일링은 노력과 시간이 많이 들지만 제대로 구현했을 때에 확실한 미적 차별성이 있다. 헤링본 패턴 역시 전체 면의 좌우 레이아웃이 균형있게 나오도록 계획을 잘 세워야 한다.

헤링본 모자이크 타일로 주방 미드웨이를 작업한 모습. 꺾어지는 벽체에 헤링본 무늬가
자연스럽게 이어지도록 연출했다. 경기 김포 장기동

헤링본 패턴은 커팅을 많이 해놓고 출발하는 타일링이다. 이처럼 작은 타일을 쓸 때는 울퉁불퉁한 벽면에 준비없이 곧바로 작업하기 어렵다. 바탕면을 제대로 준비해야 한다. 통상 석고보드, 시멘트보드를 대거나 미장을 한다.

미장

반듯한 바탕면이야말로 타일러가 꿈 속에서도 추구하는 환경이다. 타일을 붙일 수 없는 면을 타일을 붙일 수 있도록 하는 것부터가 사실상 타일 기술자의 일이다. 욕실 뿐 아니라 물을 쓰고 배수구가 있는 모든 바닥은 적절한 기울기로 물매를 잡는다. 앞서 서술한 대로 주거미, 베딩 등 현장에서 여러가지 말을 쓴다. 바닥의 물매 잡기는 타일 기술자로서 핵심적인 기술이다. 선진국의 경우도 모든 타일링 작업을 할 줄 알면 준기술자 대우를 받으며, 여기에 베딩까지 할 줄 알 때에 비로소 기술자라 불린다.

타일이 철거된 욕실, 즉 콘크리트가 드러난 벽체에 대형 포세린 타일 시공을 할 때에 몰탈 미장을 권한다. 벽체 미장은 플래스터링(plastering), 렌더링(rendering)이라고 한다. 벽체 미장까지 하면 욕실 전체가 반듯한 바탕면이 되고 큰 타일, 작은 타일, 모자이크, 헤링본 등 타일 디자인 선택에 제한이 없다. 또 타일 뒷면에 빈 공간이 없는 가장 튼튼한 공법으로 작업할 수 있다. 악어타일은 욕실 리모델링 공사에서 철거 후 벽체 미장의 과정을 적극 권장하며, 직접 시공하고 있다. 대한민국 타일링이 전부 그렇게 되어야 한다고 생각한다.

욕실 타일링

이제 장소에 따른 분류를 시작해보자. 욕실 한 칸의 공사는 방수에서부터 배관 설비, 전기, 기구 설치, 간접 조명, 천정 공사까지 다 모여 있어서 단순하지 않다.

▲ 고객님의 세밀한 의도에 따른 욕실의 포세린 타일링. 경기 김포 장기동

바닥은 물매가 잡혀 있고 욕실 선반(젠다이) 코너, 배관 타공 등 섬세한 커팅과 가공이 많다. 본래도 욕실 한 칸을 마스터하려면 시간이 걸리지만 요즘은 욕실에 더욱 손이 많이 가는 옵션이 많아졌다. 타일 욕조, 타일 파티션, 타일 코너선반, 타일 세면대 등 욕실은 이제 개인 삶의 형태와 개성을 더욱 많이 반영한다. 아파트 욕실의 일률적인 디자인을 벗어나려는 시도다.

시공 트렌드가 변해도 한국 욕실의 가장 기본적인 기능은 변하지 않는다. 많은 물 사용에 대비해야 한다. 대표적인 타일 시공 하자로 바닥에 물이 고이는 사례를 들 수 있다. 바닥 유가로 물이 전부 흘러갈 것인지 아닌지 기술자는 명확히 판단하고 의도된 작업을 할 수 있어야 한다.

베란다 타일링

한국의 베란다에는 대부분 수도 시설이 돼 있다. 특히 다용도실은 세탁기를 두는 곳이다. 배수구가 있으므로 약하게 물매가 잡혀 있다. 역구배가 지지 않도록 하면서 단차없이 처리해야 한다. 세탁기의 크기가 커지면서 기존에 있던 베란다의 턱을 10cm, 20cm 연장하는 일이 빈번하다. 거실에 중문을 설치하면서 거실 마루의 높이만큼 베란다를 높여야 할 때도 있다.

베란다는 완전한 야외는 아니지만 계절이 변하면서 실외 온도 변화로 타일이 스트레스를 많이 받는 곳이다. 바닥 타일링 하자에 더욱 유념할 필요가 있다.

아트월(Feature wall) 타일링

아트월이라는 이름은 가족이 함께 시간을 보내는 거실을 멋지게 꾸미려는 의도에서 나온 것인데, 해외에서 통용되는 말은 'feature wall'이다. 거실 벽체는 도배하기에 좋은 상태이지만, 타일하기에는 좋지 않은 상태일 때가 많다. 즉 평활도가 완전하지 않고 수직이 잡혀 있지 않다. 타일작업자는 벽체의 상태에 따라 전체 미장을 할지, 부분 미장을 할지, 개량 압착 시공을 할지, 떠붙임 시공을 할지를 결정한다.

거실 아트월은 공간이 넓으면 800x400, 1200x600 또는 더욱 큰 타일을 적용해서 시원한 효과를 내기에 좋다. 종종 벽걸이 TV 설치를 하며 구멍을 뚫다가 타일이 깨지는 경우가 있다. 타일 뒷면에도 시원시원하게 공간이 많이 비도록 작업했기 때문이다. 타일 뒤가 비어 있으면 접착력도 그렇지만 강도가 약해서 기구 설치가 어렵다.

주방 미드웨이(Splashback) 타일링

주방 상부장과 하부장 사이가 미드웨이라 불린 것이지만, 해외에서는 스플래쉬백(splashback)이라 부른다. 물이 튀는 벽을 덮어주는 타일링이기 때문이다. 깔끔하고 밝은 스타일의 타일이 자주 쓰인다. 준공이 다 되어 한창 입주 중인 새 아파트에 들어가보면 기존의 타일이 밋밋하거나 어두침침한 제품으로 적용된 경우가 많다. 입주 전에 주방 현관만 타일을 해도 분위기가 완전히 달라지므로, 가성비 있는 선택으로 자주 권해드린다.

상하부장 가구가 그대로 있는 경우에는 가구에 맞게 오려내는 작업이 많다. 핸드그라인더를 화가가 연필 쓰듯이, 교사가 분필 쓰듯이, 빵집에 간 빵돌이가 빵집게를 집듯이 익숙하게 써야 한다.

최근의 주방에는 미드웨이에 콘센트 뿐만 아니라 각종 수납 악세서리, 간접 조명 등이 많이 등장했다. 이런 것들을 분해했다가 다시 원위치 하기 위해서는 설치물에 대한 이해가 필요하다.

현관, 전실 타일링

현관은 집의 첫인상이기 때문에 모자이크, 테라조, 패턴 타일 등으로 화려하게 꾸미는 경우도 있고 때로는 전실 벽까지 타일링을 한다. 적은 면적이지만 걸레받이를 넣고, 턱을 연장하고, 만들고, 그 턱의 모서리를 마이터(miter, 졸리컷) 마감하는 등의 옵션에는 많은 시간이 소요된다. 전실 벽 전체에 홍고벽돌을 시

▲ 새 아파트의 주방 타일링. 무광 백색 타일의 일자 패턴 시공. 경기 고양

공한 사례도 있다. 거실과 복도의 넓은 바닥을 타일링 할 때에는 흔히 현관까지 같은 타일을 적용하여 통일감을 준다.

현관 하나만 작업해주세요! 하는 의뢰를 받고 가벼운 마음으로 어느 현장을 갔었는데 웬걸, 아파트의 전실이 방 한 칸보다 컸다. 아파트에 거주하는 분이라면 어떠한 원리로 세대 하나의 전실이 커지는지 이해하실 것 같다. '현관 하나'는 단순하지 않다. 바닥을 철거하고 재시공할 경우에 기존의 바닥이 대리석이라면 많은 비용이 든다. 20mm 두께의 대리석을 들어올리면 십중팔구 푸슬푸슬한 모래다. 시멘트가 균일하게 섞여 있지 않다.

▲ 새 아파트의 포세린 타일링. 방을 제외한 거실과 주방, 복도 바닥 시공. 인천 가정동

바닥 타일링 - 실내 거실과 주방, 복도, 방

입주가 막 시작되는 새 아파트에는 "구경하는 집"과 함께 인테리어 업체, 줄눈
업체, 중문업체, 통신업체 등 많은 비즈니스가 공존한다. 한번도 쓰지 않은 마루
를 걷어내고 거실, 주방, 방까지 전체 바닥 타일링을 하는 분들, 욕실의 일부 벽
이나 바닥만 새롭게 시공하는 분들을 만난다. 이러한 경우는 처음부터 마루없이
마이너스 옵션으로 분양받는 것이 좋겠다.

타일은 대부분 600x600 이상의 사이즈다. 바닥 포세린 타일링은 고급스러운
실내 분위기를 연출하고자 하는 분들이 선택하는 투자다. 또 마루처럼 미끄럽지
않은 바닥을 원할 때도 선택할 수 있는 옵션이다. 특히 주방, 거실은 가족들이 맨
발로 빈번하게 통행하는 곳이어서 바닥 단차에 예민한 공사이다. 벽체를 작업할

때도 있다. 새 도배지, 새 가구, 새 욕실 등의 환경을 이해해야만 새 아파트에서 공사할 수 있다. 넓은 면적의 바닥공사에는 많은 품이 든다.

상가 벽체와 바닥 공사

대체로 상가 공사는 일정은 더 짧고, 디테일에 대한 요구는 낮다. 여러 인원이 들어가 빨리 마무리하는 상황이 많다. 작업비 단가도 아파트 인테리어에 비해 낮은 편이다. 일정과 품질, 또 가격은 아파트와 상가의 절대적 차이점이라기보다는 어떤 업체가 상가 공사를 주력으로 하고, 어떤 업체가 아파트 공사를 주력으로 하는지에 따라 달라지는 것 같다.

상가는 아파트와 달리 소음 민원에 조금 덜 민감하다. 출입 시간과 야간 작업이 자유롭기도 하다. 주변에 영업 중인 다른 상가가 있을 때에 소음과 분진 관리에 신경써야 한다. 흔히 통행로를 보양하고, 분진의 방향을 틀기 위해 선풍기나 배풍기를 쓴다.

상가는 식당인 경우가 많이 있어서, 큰 주방 작업을 자주 한다. 벽체에는 석고보드가 대어져 있고, 바닥에는 긴 트렌치가 설치되어 있다. 벽에는 도기질 타일을 붙이고 바닥은 물매를 잡아 바닥타일을 붙인다. 식당 공사는 미적인 것보다는 실용적인 면이 크다. 식당이 아닌 상가의 경우 넓은 바닥에 포세린타일링을 한다.

야외테라스 타일링

야외 타일링의 기본은 배수(물매), 방수, 그리고 타일의 강도라 할 수 있다. 한국의 야외에 붙인 타일은 혹독한 여름과 겨울을 견디고 비바람과 함박눈을 견뎌야

야외테라스의 타일링. 잔디와 흙을 걷어낸 후 콘크리트를 새로 타설하여 미장과 타일 작업을 완료했다. 경기 고양 삼송

한다. 석재나 블록 시공이 가장 권장된다. 타일은 흡수율 0.5% 미만의 포세린 타일—실제 테스트를 해보면 0.3~0.1%로 흡수율이 사실상 없다—을 써야 한다. 타일에 접착제가 묻는 면적(커버리지, coverage)는 90% 이상 확보하며, 타일 뒷면에도 접착제를 발라서(백버터링, back buttering) 작업해야 한다. 작업자는 물빠짐이 어떻게 이뤄지는지 이해하고 있어야 한다. 빗물이 고이는 테라스 바닥은 겨울철에 비나 눈이 내렸을 때 스케이트장(?)이 되고 만다. 방수에 문제가 있다면 타일링 전에 이를 해결해야 한다.

야외에 노출되어 있으므로 작업 당시에도 외부의 조건에 많은 영향을 받는다. 직사광선이 쪼이고 너무 더운 날씨에는 접착제가 금방 겉마른다. 야간 기온이 5도 이하로 떨어지면 접착제 양생에 문제가 생긴다. (제조사 매뉴얼을 참조) 비가 오는 날에는 작업이 어렵다. 작업 직후에 비가 예상되면 양생을 위해 비닐로 덮어서 보호해야 한다.

아름답게 꾸며진 야외 테라스 타일링은 잔디가 있는 단독주택, 전원주택, 타운하우스 등에서 진가를 발휘한다. 미국 캘리포니아나 호주처럼 겨울철에도 그렇게 춥지 않은 곳이라면 더욱 좋은 조건이다.

석재 시공

흔히 스톤은 인테리어 마감의 종착점이라고 한다. 자연스러움과 인공의 균형을 잘 보여주는 사례가 자연석 작업이 아닐까 한다. 타일에서 두께만 더 두꺼우면 석재 시공이 되며, 작업 원리는 동일하다. 또 대부분의 타일 접착제는 자연석 시공에 적합하게 만들어져 있다. 테라스 하우스, 전원주택에 가장 이상적이고, 가장 멋지고, 가장 난이도 있는 크레이지 페이빙(crazy paving), 비정형 석재 시공은 작업자의 의도와 디자인을 따라 쉽게 할 수도 있고, 힘들지만 아름답게 만들수도 있다.

▲ 상가 바닥타일의 마감. 요양원으로 쓰일 시설이기 때문에 각 입구에 턱이 존재하지 않는다. 시각장애인을 위한 점자블록을 규정에 따라 설치했다.

크레이지 페이빙은 팔레트에서 돌을 꺼내고, 하나씩 고르고, 현장에서 가공할 때까지만 해도 최종 마무리된 모습을 짐작하기 어렵다. 두께가 모두 다른 돌을 평평하게 붙인 다음 줄눈을 채워넣으면 비로소 멋진 광경이 펼쳐진다.

야외수영장과 계단의 타일링

야외 수영장과 테라스 공간의 계단을 마감하는데 스톤 또는 포세린 타일이 효과적이다. 수영장 바닥 전체를 모자이크 타일로 하기도 하고, 테두리에만 타일을 입히기도 한다. 흔히 기역자 형태의 코핑 타일(coping tile)이 쓰인다. 또는 이런 형태를 만들기 위하여 현장에서 가공을 하기도 한다. 외부에 노출된 계단과 수

울타리가 있는 입구를 넘어서면 거대한 정원을 지나서 집으로 들어간다. 이 집의 아이들은 아침이나 오후에 맨발로 이곳에서 뛰어놀았다. 둥근 모서리는 비슷한 굴곡면을 가진 돌을 찾은 후에 수작업으로 다듬었다. 호주 퀸즐랜드주 브룩필드 Brookfield 주택

▲ 야외테라스 크레이지 페이빙 작업 중. 호주 퀸즈랜드주 브룩필드 Brookfield 주택

영장의 테두리 역시 빗물이 떨어져서는 어디로 흘러갈지 혹은 고여 버릴지를 염두에 두고 작업해야 한다. 야외수영장에는 워터라인(수면이 닿는 부분) 또는 바닥 전체를 모자이크 타일로 마감하기도 하고, 테두리에만 포세린 타일을 입히기도 한다.

수영장 벽면에 모자이크 타일링을 하기 위해서는 정밀한 미장이 필요하다. 테두리 난간에는 코핑 타일이 자주 쓰인다. 두께 20mm의 대리석을 사용할 때는 테두리를 둥글게 현장에서 가공하기도 하고, 그렇게 만들어진 것을 쓰기도 한다.

야외수영장을 계획할 때는 처음부터 시멘트 액체 방수가 아닌 도막 방수를 하는 것이 적합하다. 액체 방수는 온도 변화에 따라 크랙이 쉽게 발생하여 외부에 적합하지 않다. 건물 옥상과 같은 개념으로 견고하게 방수해야 한다. 담수 공간이므로 타일접착제 역시 적절한 성능과 등급을 가진 것을 쓴다.

타일의 가능성

이태리, 스페인, 중국 등 국적을 막론하고, 세계적으로 우수한 품질의 타일을 제조하는 회사의 홈페이지를 방문해보면 수많은 프로젝트를 감상해볼 수 있다. 타일은 건물 외벽은 물론이며, 오페라하우스의 돔형 지붕, 주방 상판, 가구에도 적용된다. 외부 환경이나 가구에 하자 없이 타일링을 하려면 바탕면과 고성능 부자재에 대한 이해, 장비에 대한 이해가 필요하다. 그 모든 것이 합해져 기술적 원숙함과 타일러의 경쟁력을 만들어낸다고 할 수 있다.

▼ 야외 수영장의 코핑 타일링. 호주 퀸즐랜드주 채플 힐 Chapel Hill 주택

외부에 타일링을 하면 으레 하자가 나기 마련이라는 오해가 있다. 이것이 널리 바로잡힐
만큼 기술에 대한 신뢰가 이뤄져야 할 것이다. 타일 기술자의 몫이다. 경기 고양 삼송

지금까지 타일공이 무슨 작업을 하는지 대략 살펴보았다. 이 챕터에서 예로 든 사진들은 간단하고 쉬운 프로젝트들은 아니다. 모든 타일공이 이 모든 종류의 일을 다 하는 것도 아니다. 기술자에 따라 평생 손대지 않을 법한 프로젝트도 있다. 어쨌거나 이렇게 해보고 싶다! 생각이 들거나 아, 이건 아니구나 싶을 수도 있을 것이다. 전자라면 다음 단계로 넘어가야 한다. 내가 이런 일에 적절한 사람인지 아닌지를 객관적으로 — 현직에 있는 사람의 견해를 바탕으로 — 알아보는 방법이 있을까? 다음 장에서 서술해보았다.

곰씹어 보기 :

1. 바탕면의 준비가 타일링 작업에서 가장 중요하고도 어렵습니다.

2. 타일의 연출 방법은 다양하고, 그에 따라 필요한 기술이 있습니다.

3. 바탕면을 제대로 준비하면 가장 견고하게 작업할 수 있습니다.

어떤 사람들이 타일에 잘 맞을까

기본적으로 힘든 일이다

타일 기술자는 성품이 꼼꼼하면서 근면 성실하면 된다. 또 기본 체력이 필요하다. "작업 현장"이란 기본적으로 힘든 곳이다. 먼지와 소음이 있고 다칠 염려가 늘 있다. 하루 종일 움직이기 때문에 체력 소모가 많다. 한여름철에는 몇 통의 물을 자연스럽게 마신다. 한겨울에는 매일 아침 차가운 외기 속에서 연장을 꺼내서 끌고 가야 한다. 며칠 쉬었다가 현장에 나갈 때는 그새 풀어져 있다가 정신이 번쩍 드는 경험을 한다. '여기는 쉬운 현장이다' 하고 느낀 적이 없다. 쉬운 작업이 없기 때문에 준비를 철저히 하게 된다. 고생을 몸으로 겪으면, 머리에 각인된다. 꼭 매 맞은 것처럼 기억에 오래 남는다. 누가 시키지 않아도 저절로 준비성이 생긴다.

우리는 인테리어 작업의 특성상 한번 진행하면 되돌리기 어렵다는 사실을 이해하고, 고객이 구입한 자재를 소비하며 만들어낸 결과물에 책임을 져야 한다. 또 나를 불러준 사람에 대한 성의와 예의가 있어야 한다. 이 챕터에서는 그에 대해 좀 더 상세히 이야기해보자.

체력이 좋아야 한다

타일 기술자는 중량이 있는 물건을 하루 종일 들었다 놨다 해야 한다. 그러면서도 좋은 퀄리티를 내야 한다. 비좁은 틈에서도 그걸 잘해야 한다. 35평대 아파트의 거실 바닥에 까는 타일 자재의 총 무게는 1.5톤이 넘는다. 부자재 한 포의 무게는 20kg이다. 포세린 타일 한 박스의 무게는 30kg이다.

바닥을 작업할 때는 종일 낮은 자세로 일한다. 타일은 남녀노소를 무릎꿇게 하는 직업이다. 현장 필요에 따라 종종 야간 작업을 한다. 건강과 체력이 제일 우선순위다.

늦은 시간까지 일을 할 때도 있다. 나중에는 발을 헛디디고 걸음이 꼬이는 증상이 나타난다. '연장 내려놓아라. 집에 가라'고 몸이 보내는 신호다. 타일을 하기 전에 나는 '서 있기도 힘들다'는 표현이 그냥 하는 말인 줄 알았는데, 실제로 그렇다는 사실을 알았다. 집에 돌아왔을 때는 사람이 절여놓은 배추가 된다. 작은 물건 하나도 들어올리기 싫은 상태가 되곤 한다.

눈과 손이 세밀하고 성품이 집요하다

타일링은 수공구를 사용해서 수직, 수평, 줄눈 라인을 일정하고 정밀하게 맞추는 작업이다. 단차가 심하거나 줄눈 간격이 오차 난 것을 바로잡지 않으면 안 되는 성격을 필요로 한다. '대충 그 정도 해놓고 시원시원하게 넘어가자' '언제 빨리 집에 가나?'하는 태도는 타일을 처음 배우는 입장에서는 맞지 않다. 신축이나 상가 현장에서 많은 물량을 작업할 수는 있겠으나 아파트나 주택의 인테리어에서 필요로 하는 퀄리티 요구를 충족하지는 못한다.

'집요하다'고 표현한 것은 한 번 두 번 해서 안 된다고 대강 넘어가거나 하지 않

▲ 1.5mm 스페이서를 사용한 브릭 타일의 벽체 시공. 경기 김포 마산동

는 성격을 뜻한다. 엉켜있는 실타래를 하나하나 찾아서 풀어내야 할 때, 어떤 사람은 성격상 그런 일이 불편하다. 잘못된 것이라기보다는 성향이 다른 것이다. 타일 기술자는 많은 공구를 차량에 정리할 때에도 치밀하게 차곡차곡, 자신만의 방법과 과정을 갖고 있다. 복잡해보여도 전부 제자리에 있다. (믿어주세요!) 나는 집안 정리는 못 해도 창고나 차량의 공구 정리는 날을 잡아서 말끔하게 해놓고 만족감을 느끼곤 한다.

커뮤니케이션이 디테일하다

예를 들어 셀프 인테리어를 하는 고객님으로부터 작업 의뢰를 받아서 한 달, 두 달 전부터 준비를 하는 상황이 있을 수 있다. 작업 범위는 아파트의 욕실, 주방, 베란다와 세탁실, 현관, 아트월 등이다. 이때 우리는 다음 질문을 한다.

타일 공정에 며칠의 여유가 있는지? 겹치는 공정이 있는지?

겹치는 공정이 있다면 어느 정도 어떤 범위인지?

타일 구입처와 배송 계획은? 최소한 타일 작업 전날까지 자재가 도착할 것인지?

타일 전 단계에, 또 타일 직후에 어떤 작업이 있는지?

긁히거나 오염되기 쉬운 페인트, 도배, 필름 등이 먼저 계획되지 않았는지?

타일 이후에 어떤 공정이 있는지? 하루 이틀의 여유가 있는지 아니면 빠듯한지?

철거된 바탕면의 작업방식은? 바탕면을 어떻게 준비할 것인지?

준비해야 할 부자재의 종류는?

주방 가구를 바꾸는 상황인지, 그대로 두는 상황인지?

주방 벽타일의 디자인은? 줄눈 색상은? 현재 주방벽의 상태는?

욕실의 타일 디자인은? 조적 선반(젠다이)가 있는지? 있다면 그 형태는?

욕실에 간접 조명이 들어갈 것인지? 있다면 그 위치는?

욕실, 주방 등 기타 수전 위치 변경이 있는지?

욕실에 라디에이터가 있는지? 창문이 있는지?

욕실에 욕조가 있는지? 욕조를 새로 놓는다면 옆면 마감 방식은?

욕실 선반 위쪽의 마감으로 인조대리석을 놓을 것인지 타일로 할 것인지?

욕실에 있는 각종 코너의 마감 방식은?

욕실 도어 프레임을 교체하는지? 교체한다면 그 시기는?

선호하는 아트월 타일 사이즈는?

현재 아트월의 상태는 타일이 있는지, 철거 후의 콘크리트 벽인지?

베란다와 세탁실의 타일 디자인은? 베란다 확장 상태인지?

베란다의 샤시 공사를 새롭게 하시는지?

베란다의 걸레받이의 유무와 분량은?

현관의 타일 디자인은? 현관의 대리석 디딤석 상태는?
현관의 걸레받이 유무는?
줄눈 종류와 장소별로 색상은?
폐기물 처리 계획은?
대금 지급 방식과 시기는?
… 기타 등등

이런 이야기를 공사 전까지 계속해서 주고받는다. 고객은 이 항목들에 답을 정해놓고 작업을 의뢰하지 않는다. 같이 만들어 가야 한다. 공간 어딘가를 기준으로 타일 라인을 맞춰주세요, 하는 레이아웃은 또 다른 이야기다.

규격화 돼 있는 아파트가 아니라 신축주택, 타운하우스, 야외테라스나 노천탕, 수영장과 같은 프로젝트라면 다시 새로운 질문들이 생겨난다.

▼ 공정이 겹치면 일의 능률이 떨어진다. 커뮤니케이션을 하면 이를 예측하거나 피할 수 있다. 서울 관악구 봉천동

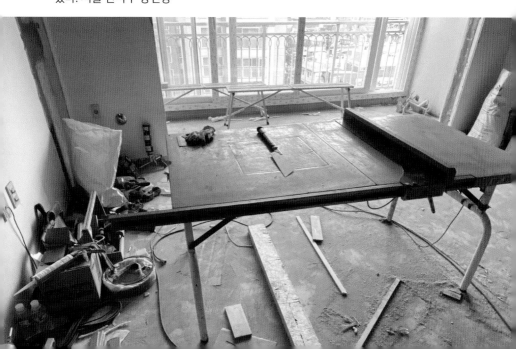

궁금한 것을 가능한 즉시 묻는 것이 좋다. 결정되어야 할 사항을 있는 그대로 요청하는 것이 좋다. 예상되는 문제점을 있는 그대로 표현하는 것이 좋다. 대화가 오간 사항은 기억력에만 의존하지 말고 나중에 다툼이 없도록 문자로 남겨두는 것이 좋다.

사람과 사람과의 일이란 결국 커뮤니케이션이 전부가 아닌가 생각한다.

나는 이런 사실을 예전에 잘 알지 못했다. 나의 과실로 인해 다른 분들이 고생해야 했다. 독립해서 현장에 나가면서는 비로소 내가 직접 고생했다. 디테일을 놓친 실수로 인해 하루 일정을 온전히 날리기도 했다. 작업을 한참 진행한 후에 고객에게 사진을 보내드렸을 때 이렇게 될 수 있다.

"앗! 주방 타일은 브릭 패턴인데요! 제가 얘기를 안 했나요, 죄송해요~"

고객님이 주방 타일링 디자인을 참조할 사진으로 세로형 일자 패턴으로 작업된 것을 제시한다면 작업자는 당연히 동일한 패턴일 것이라고 짐작한다. 내 입장에서 당연해도 경험상 다시 확인해보는 것이 맞다. 코너비드 종류와 스타일까지 컨펌(confirm) 받아야 한다. 그것도 공사 전날까지 전부 커뮤니케이션이 끝나야 하고 작업 당일에는 막힘없이 진행하는 것이 좋다.

작업한 타일을 뜯고 본드를 일일이 긁어내고 씻어내는 경험을 하고 나면 누가 잔소리하지 않아도 커뮤니케이션의 중요성을 체화할 수 있었다.

"저는 소비자하고 직접 얘기 안 합니다"
"셀프 인테리어 고객님과는 안 합니다"

스스로의 기준에 따라 이런 결정을 하는 타일 기술자들도 있다. 시간적인 효율을 우선하기 때문이다. 인테리어 업을 하는 거래처에서 받는 일감이 많고 바쁘면 셀프 인테리어 고객과 길고 긴 대화를 해가며 일할 필요는 없을 것이다. 인테리어 기본 지식이 있는 파트너하고 일하면 된다. 하지만 "준비성이 착실하고 좋은 업체"를 만나야 한다. 타일 공정, 특히 욕실에 존재하는 수많은 가짓수의 문제에 대한 경험이 있는 업체를 만나야 한다. 그렇지 않으면 업체를 가르쳐가면서 일해야 하는 상황도 생긴다.

이상한 업체도 겪어보았다. 처음에 전화로 작업의뢰를 받고 몇 월 몇 일에 일정 약속을 한다. 현장에 와 보면 사람은 없고 타일과 자재만 덩그러니 와 있다. 인테리어 사장이 종일 현장에 나타나지 않는다. 현장을 살펴보고 특이사항이나 궁금한 것을 물으러 전화를 걸면 대강 답하고 서둘러 전화를 끊는다. 전화를 건 우리 입장에서는 다른 할 말이 남았는데도 빨리 전화를 끊고 싶어한다. 자재가 더 필요하면 근처에 이러이러한 자재상이 있으니 사와서 하세요, 라고 말한다. 당일은 고사하고 공사가 끝나고서도 한참 지나서 비용 정산을 해준다. 지불을 재촉하게 하고, 결국 월말에 몰아서 준다.

정성스럽다

어떤 식당에 가면, 조리 공간이 오픈돼 있어서 주방장이 손님의 얼굴을 볼 수 있고, 손님과 대화를 나눌 수도 있는 형태를 볼 수 있다. 자그마한 일식 돈가츠 집에 가보면 흔히 그렇다. 깨끗한 주방이라는 자신감, 조리과정을 보여줄 수 있는 자부심을 느낄 수 있다. 음식을 주문한 입장에서는 내가 먹고 싶은 돈가츠가 튀겨지는 모습하며 지글지글 탁탁거리는 소리가 기다리는 지루함을 잊게 한다. 소스까지 얹으며 능숙한 플레이팅이 끝나면 '여기 있습니다!' 하면서 모락모락 김이 나는 요리가 슥 나온다. 고마운 말씀까지 하신다. '밥이 더 필요하시면 말씀하세요!'

소비자가 느끼는 정성이란 음식의 결과물, 타일링 마감 사진만이 아닌 것 같다. 처음 대면했을 때부터 공사를 끌어가는 과정에서 일어나는 다양한 사건을 대처하는 작업자의 프로페셔널한 태도(attitude)까지도 포함된다.

소비자는 내 집 공사라는 대형 프로젝트, 그 중에서도 먼지나고 시끄럽다는 타일 공사를 하면서 걱정이 많다. 그런 분들에게 전문가 입장에서 정성을 보여드리면 얼마나 마음이 놓이겠는가? 고객에게는 결과물 뿐 아니라 공사 과정도 매우 중요하다.

예전의 일이다. 동네의 타일 판매업체 사장님에게 명함을 드리러 갔었다. 당시나는 그분 기준으로 최연소 기술자였다. 그분은 현재 데리고 있는 타일공들에 대해 불평했다. 대다수 '곤조'는 있지만 서비스 마인드가 너무나 없다고, 전부 갈아치우고 싶다는 표현을 했다. 그분의 이야기는 내 속에 계속 남아서 방향을 설정하는데 귀감이 되었다.

개인 인테리어 현장에서 타일 기술자는 공산품을 찍어내는 기계가 아니라 특정한 누군가의 생활 공간을 꾸며내는 사람이다. 그는 작업 하나를 끝내면 떠나지만 다른 누군가는 그 공간에 이사를 들어와서 오래오래 생활한다. 사소한 것이라도 정성을 한번 더 들이는 것이 고객에게 행복을 선사하는 타일러의 자세다. 그는 탁 트인 조리공간에서 손님을 바라보면서 음식을 기계적으로, 영혼없이 만들지 않는 주방장과 같다.

어떻게 그런 태도를 가질 수 있게 될까? 기술적으로 원숙해져서 어떤 작업을 만나도 여유가 있을 때, 그 작업 자체를 사랑할 때, 타인에 대한 기본적인 애정이 있을 때 등 모두 그럴 수 있겠지만 근본적으로 더 중요한 조건이 있다.

작업이 선사하는 가치에 상응하는 경제적 보상이 약속되어야 한다.

▼ 이태리 imola사의 '블루사보이(Blue Savoy)'. 종종 포세린 타일의 이름은 같은 디자인의 천연석에서 유래한다. 블루사보이도 프랑스 알프스의 오트 사부아 Hautye Savoie 지역에서 생산되는 천연석의 질감을 구현했다. (결과물은 다음 페이지에)

아무리 좋은 원단이라 해도 솜씨 좋은 테일러의 손을 거치지 않으면 옷이 될 수 없다. 좋은 이태리 타일 역시 거실 풍경으로 변하려면 좋은 작업자가 필요하다. 인천 원당동

그래야 작업자의 내면에 여유로움이 존재할 수 있다. 내 수준에 걸맞지 않은 고난이도의 작업이면 곤란하다. 그만큼 경험과 기술력이 있어야 한다. 지나치게 촉박한 일정이어서도 어렵다. 현장의 어려움, 시간의 어려움, 사람의 어려움, 고객의 어려움을 모두 극복하는 것은 쉽지 않다.

빨리빨리 끝내는, 여러 가지 공정을 일정 속에 구겨넣고 또 어떻게든 마감을 해내는 한국적 인테리어 문화(?) – 전부 그런 것은 아니지만 – 에서 타일 작업자가 정성을 들이는 것은 쉽지 않다. 그럼에도 불구하고 일정 수준 이상의 퀄리티를 만들어야 한다. 그러한 환경에서 하자의 가능성이 높은 시공 방식이 고착화되는 것이 아닌가 싶다.

이제 타일의 세계로 진입하기 위해서는 현장에 가서 '조공'부터 시작해야 한다. 다음 챕터에서 조공이란 무엇인지 알아보자.

우리가 조공으로부터
가장 원하는 것

조공을 거치지 않은 사람은 (거의) 없다

타일링의 인건비, 즉 공임은 대개 면적으로 계산한다. '물량'을 측정하는 것이야말로 제일 기본적이고 편리한 기준이다. 그래서인지 현장에서는 타일을 붙이는 사람과, 그 일에 집중할 수 있도록 다른 일을 처리해주는 사람으로 역할을 나눈다. 조공은 그렇게 해서 생겨난 것 같다. 조공은 '잡부'와 목표가 다르다. 조공은 타일 기술을 배우려는 사람이다. 장차 기공이 되려는 사람이다.

기공은 접착제를 펴바르고 타일을 붙여 나간다. 한편 조공은 타일을 박스에서 까서 나르고, 몰탈을 비비고, 쓰레기를 정리한다. 커팅을 돕기도 한다. 이 팀의 공통 목표는 일의 진척이다. 스피드와 효율이다. 여기에서 타일 현장 고유의 어려움이 생겨난다.

조공이 타일 붙이는 것 이외의 일을 하면서 어떻게 하면 타일 붙이는 것을 배울 수 있을까? 보조를 하면서 어떻게 하면 기술 연수를 받을 수 있을까? 어려운 숙제다. 보는 것만으로는 안 된다. 다른 사람이 타일을 핸드그라인더로 곡선이나 직선으로 가공하는 장면을 수십 번을 지켜보는 것은 자기가 한 번 해보는 것만 못하다. 타일을 만져보기 위해 타일 현장에 왔으나 타일링 품질을 책임지지 못하는 이상 직접 붙여보는 기회를 얻기 힘들다.

OJT(On the Job Training)를 받는 수습기자를 생각해보자. 수습기자는 기본적인 교육을 받은 후에는 직속선배로부터 취재 지시를 받는다. 현장으로 나간다. 만나라고 한 사람을 찾아가 만난다. 마감 시간이 주어진다. 기사를 써내면 직속은 첨삭 지도를 해준다. 정 마음에 안 드는 결과물을 가져가면 한참 깨지기도 한

다. 데스킹을 거친 기사는 바이라인을 달고(수습기자 누구누구) 언론사 웹사이트에 올라가는 영광을 누리기도 한다. 웹사이트에 내 이름이 박힌다! 검색도 된다! 지면 기사는 문턱이 높지만, 온라인 기사는 회사 측에서 보다 실험적인 콘텐츠로 기획해서 도전해 볼 만하다. 분량도 더 자유롭고, 수정도 쉽다.

수습기자의 행복은 자신이 업으로 하려는 그 일을 즉시로 해볼 수 있다는 것이다. 약간 두려워도 노트북을 두드린다. 문장을 쓴다. 기사와 관련된 사람에게 직접 전화를 건다. 상대방에게 기자라고 자신을 소개한다. 현장을 찾아간다. 팩트를 모은다. 기사를 작성한다. 기자가 되고 싶어하는 사람이 어렵게 입사한 후에, 오로지 선배의 노트북만 들고 다닌다든지, 대리운전만 해준다든지, 인터뷰 녹음한 것 타이핑만 한다든지 그러지 않는다.

반면 기술자를 목표로 하는 조공에게는 어려움이 있다. 그를 가르치거나 가르치지 않거나는 사수에게 달려 있다. 타일 학원이 아니라 타일 현장인 이상, 시간은 정해져 있고 물량도 주어져 있다. 길게 얘기를 나눌 시간이 없다. 바쁘다. 현재 타일을 붙이고 있는 수많은 선배들 또한 아무도 가르쳐주지 않는 상황 속에서 눈물겹게 터득해왔던 경험이 있다.

이런 상황에서 조공은 어떻게 해야 할까? 가르쳐주면 배우고, 안 가르쳐주면 못 배우는 시대를 벗어나서, 체계적인 커리큘럼이 제공될 필요가 있다. 이에 대해서는 2부의 '고급 인테리어 타일링을 위한 커리큘럼'에서 다시 다루었다. 먼저 현장에서 조공으로서의 기본 역할을 이야기 해보자. 타일 반장('오야지')의 입장에서는 새로운 사람을 쓰기 조심스럽다든지, 혹은 꺼려지는 이유가 몇 가지 있다.

"약속을 제대로 지켜야지. 약속 펑크내면 아웃이예요."
"끈기를 갖고 버텨주면 좋겠는데 한두 달 해보고 그만둬버리면 나도 멘탈이 무너져요."

사람에 따라 여러가지 답이 있겠으나 공통적이라 여겨지는 부분을 추려보았다.

정리정돈

물리적인 세계에는 여러 가지 법칙이 있다. 그 중 하나는 엔트로피의 법칙인데, 나는 이를 단순화해서 "가만 내버려두면 엉망진창이 된다"로 이해한다. 예를 들어 우리 집 아이들이 놀고 지나간 장소는 반드시 어지러져 있다. 어린 자녀를 키워본 사람은 누구나 알겠지만 집 안의 동화책, 장난감들이 어쩌다보니 정돈되는 일은 일어나지 않는다. 끊임없이 부모가 치워야 하고, 나중에는 자녀들에게 정리정돈을 가르쳐야 한다. 아이들이 정리 정돈을 하면 폭풍 칭찬을 해야 한다! 매우 어려운 일이기 때문이다.

▼ 욕실에 새로운 질서를 만들고 있는 동안 다른 곳에서는 무질서가 증가한다.

현장에서 작업을 시작하면 몸의 근육들이 아우성을 친다. 에너지를 쓰는 상황이기 때문에 우리의 육체는 계속 불편하다. 쪼그리고 앉고, 무거운 것을 들고, 측정하고, 비비고, 때리고, 먼지를 참고, 소음을 참는다.

이렇게 해서 작업이 진척되면 수직 수평으로 줄을 선 타일이 마치 땅따먹기 하듯이 바탕면을 차지해간다. 박스에 포장돼 있던 타일이 꺼내져 바탕면에 질서를 만들어간다.

반면 새롭게 만들어지는 무질서도 만만치 않다. 박스, 밴딩 끈, 접착제 포대, 서 있는 물통, 뒤집어진 물통, 공구A, 공구B, 공구C… 매순간 작업자가 바탕면에 타일을 붙이며 질서를 만들어 내는 동안에, 나머지 공간에는 엔트로피(난장판)가 사정없이 증가한다. 우리는 다시 이것들을 정리 정돈하는 노력을 시작한다.

모든 것은 항상 깨끗해야 한다.

타일 표면은 깨끗해야 한다. 타일에 묻어있는 타일접착제(글루)는 시간이 지나면 굳고, 나중에는 제거하기 힘들다. 어떤 타일은 유광이어서 접착제 청소가 쉬운 한편 어떤 타일은 표면이 거칠어서(textured) 청소가 힘들다.

공구는 깨끗해야 한다. 뭔가 묻어 있으면 나중에 굳어서 작업에 지장을 준다. 하루 일과를 마치고 나면 우리는 모든 공구를 쓰기 전 상태로 되돌린다. 타일커팅기의 핸들바가 지나가는 레일, 핸드그라인더의 스위치, 수평대 등에 뭐가 묻은 채로 굳으면 나중에 제 기능을 못한다.

공구는 안전한 위치, 찾기 쉬운 위치에 정돈되어 있어야 한다. '그거 어디 놔뒀지!' 찾느라 시간을 허비하지 않는 것이 좋다.

바닥을 깨끗이 쓸고 시작해야 한다. 작업자의 신발(안전화) 바닥에 먼지가 붙어

깔끔한 것을 좋아하는 사람은 바닥 타일을 꽉 채워 시공하면서도 타일 표면이나 모서리에 아무것도 남기지 않는다. 이렇게 하면 타일이 굳은 뒤, 타일을 붙잡고 있는 평탄 클립을 신나게 발로 찬 후에는 청소에 많은 시간을 들이지 않아도 된다. (작업자에 따라 습관이 다르다) 경기 고양 삼송

다니면 타일도 더러워진다. 또 빈번한 이동에 지장을 주지 않아야 한다. 통로에 뭔가가 있다면 치워야 한다. 도배지, 마루바닥, 몰딩, 도어, 가구 역시 바꾸지 않고 그대로 쓰는 것이라면 오염되지 않게 관리해야 한다. 보양을 철저히 하면 일을 잘 하는 사람이다.

내 손과 장갑은 깨끗해야 한다. 손으로 만지는 모든 것, 특히 타일과 공구가 깨끗해야 한다. 하루를 마치고 정리정돈 할 때는 수공구들을 다 모아서 씻는다. 무거운 전동기구는 바닥에 내려놓고 전원 코드를 빼놓는다. 벽에 세워놓은 것은 바닥에 눕혀놓는다.

작업이 끝나고 쓰지 못하게 된 타일 조각들은 망치로 잘게 깨서 마대에 담는다. 타일 박스는 모아서 한 켠에 가지런히 정리해둔다. 핸드그라인더를 썼던 자리는 먼지를 쓸어담는다.

기술자가 조공에게 가장 원하는 것은 정리정돈하는 습관이다. 처음에는 다른 걸 잘 몰라도 괜찮다. 정리하는 목적을 잘 이해한다면 팀에 엄청난 도움을 준다. 기계적으로 시켜서 하는 것이 아니고 왜 깨끗해야 하는지 알고 하는 행동이라면 일의 방식을 이해했다고 할 수 있겠다.

생각

기술자가 가르쳐 준 내용을 두 번, 세 번 똑같은 말을 반복하게 하지 말자. 똑같은 내용을 다시 물어보는 사람, 동일한 실수를 자꾸 반복하는 사람은 대충 듣는 사람이다.

"그라인더는 힘을 꽉 쥐서 하는 게 아니예요."
"타일을 커팅한 다음에 상대방에게 건네줄 때 방향을 이렇게 붙이는 방향대로 돌려서 줘요. 그래야 받아서 곧바로 붙이죠."
"줄눈을 넣을 때는 겉만 말고 안쪽까지 가득 채워야 나중에 구멍이 나지 않죠. 당장 겉으로는 차이가 없지만 꾹꾹 눌러야 해요."

상대방이 현장 경험이 없는 초보라 생각하면 기술자는 일러주어야 할 내용이 너무나도 많다. 그리고 학습은 진도를 나가야 한다. 정리 정돈이 되면 다음 단계, 또 다음 단계가 기다리고 있다. 전에 얘기해 준 부분이 시정이 되지 않으면 기술자는 피로를 느낀다.

'저 사람은 바쁜데 또 얘기하게 만드는군. 왜 대충 듣지?'

▼ 욕실 공사 마감 후 현장을 정리했다. 부분 공사라면, 고객님에게 마무리 청소의 과도한 몫을 남겨놓지 말아야 하겠다.

작업에서의 배움 자체가 본인에게 별로 중요하지 않기 때문이 아닐까? 알려주는 입장에서는 그런 의심을 품기 시작한다. 그러면 후배는 '일용직'이 된다. 사수의 입장에서는 함께 오래가지 않을 것 같은 예감을 주는 사람이다. 기술적인 완성도를 뜻하는 것이 아니다. 핸드그라인더를 능숙하게 쓰려면 서너 달이 걸린다. 그런 것은 시간을 들여서 연마해야 한다.

특별한 소질이 보이면 물론 좋지만, 그것보다 기술자는 조공으로부터 일의 손발을 맞춰가려는 자세를 본다. 하루를 보내고 나면 그날을 복기하자. 첫째로 어떤 장소에 얼마만큼의 작업이 진척되었는지, 자재를 얼마나 소비했는지를 복기하자. 둘째로 내가 새롭게 배운 것이 무엇인지를 생각하자. **셋째로 오늘 있었던 문제점이 무엇이며 다음에 어떻게 그것을 개선할 것인지를 생각하자.** 이것은 마음속에서의 정리정돈이다. 기억력에는 한계가 있으므로 기록하자.

▼ 욕실 작업 후 흩어져 있던 공구를 한곳에 모아 정리했다. 가만, 차키를 어디 뒀더라?

안전

신축 건물의 욕실 작업을 하던 날이었다. 천장에서는 길게 내리워진 전선이 여러 군데 있었다. 그 전선들은 내 머리에 닿을락말락 했다. 절연테이프가 감겨있지 않았다. 나는 정신없이 바닥을 보고 벽을 보면서 물량을 처리하고 있었다. 그중 하나의 전선에 목덜미가 닿아서 감전된 적이 있다. 현장 소장을 부르자 그제야 절연테이프를 감아주었다.

어느 아파트의 욕실 마무리 작업을 하고 있었다. 전기차단기의 차단스위치를 내리지 않은 채, 욕실의 콘센트를 교체했다. 전기펜치(cutting plier)로 전선 앞부분을 까내려고 돌리다가, 펜치에 다른 쪽 전선이 닿았다. '파직!' 합선이 되어 차단기는 내려갔고, 펜치에는 새까맣게 탄 자국이 남았다.

전동믹서기의 플러그를 콘센트에 꽂자마자 믹서날이 고속으로 회전해버린 경험이 있다. 무거운 믹싱 드릴은 바닥에 누워 있었다. 그 상태에서 믹서날이 돌자 드릴은 바닥에서 튕겨 오르면서 제멋대로 춤을 추었다. 천만다행으로 즉시 전원선을 뽑았다. 옷자락이나 몸의 일부라도 돌아가는 믹서날에 걸렸다면… 상상만 해도 아찔하다. 지체없이 수리를 맡겼고, 원인을 찾아냈다. 나중에는 믹서기 모델을 교체했다.

큰 모터를 쓰는 믹싱 드릴이 딱딱하게 굳어가는 몰탈 속에 꽂혀 있을 때에, 다시 믹싱을 한다고 스위치를 함부로 눌러서는 안된다. 드릴 날이 돌지 못하면 자칫 그걸 붙잡은 사람이 돌아간다. 팔이 꺾여서 응급실로 가는 작업자들이 실제로 있다. 어느 정도 이상의 부하가 걸리면 자동 멈춤 기능이 있는 믹싱 드릴을 쓰거나, 스위치를 누르는 깊이에 따라 속도 조절이 되는 제품을 쓰는 것이 안전하다. 믹싱 드릴 날을 통 속에 넣었을 때는 잘 흔들어서 날이 회전할 여유가 충분한지를 보며 작동시킨다.

온오프 스위치가 후면에 있는 그라인더는 종종 스위치 온(ON) 상태다. 안전장치가 없다면 이것도 콘센트에 꽂자마자 날이 돌아가서 작업자를 깜짝 놀라게 한다. 이런 장비는 손에 잘 쥔 채로 전원을 연결해야 한다. 그렇지 않으면 스위치를 늘 확인해야 한다. 안전 장치가 있는 그라인더는 처음 전원을 꽂았을 때에 스위치 상태가 켜짐이어도 작동하지 않는다. 그라인더도 과부하시에 자동 멈춤 기능이 있는 제품이 좋다.

어느 현장에서 있었던 일이다. 많은 양의 마이터 가공(졸리컷)을 하고 나서, 동료들과 점심을 먹었다. 다시 그라인더를 손에 잡으려고 하는데 다른 동료가 그라인더 날이 깨져 있는 걸 발견했다.

"어 이거 봐, 사람 잡겠네!"

▲ 그라인더 날이 어느 샌가 깨져있다. 커버를 씌우는 습관이 나를 살렸다.

현장의 천정에 모든 조명이 다 철거돼 있어 작업등 두어 개를 쓰고 있었다. 조도가 낮은 방이었다. 그래서 알아차리지 못했다. 깨진 날은 어디로 튀었을까? 커버를 씌우고 있었기에 천만다행이다.

타일 작업자의 공구 중에 핸드그라인더가 가장 위험하다고 여겨진다. 평생에 한 번은 이것 때문에 위험이 반드시 찾아온다고 생각하고 그라인더 커버를 씌우는 습관을 익히는 것이 좋겠다. 보안경도 써야 한다. 아무리 실눈을 떠도 타일 파편은 실눈을 비집고 들어온다.

인천공항 국제선 면세점에 공사를 들어간 적이 있었다. 모든 장비를 사전에 신고했다. 안전에 관한 사항이 까다로웠다. 안전화, 안전모 등 여러 조건이 있었는데, 특히 핸드그라인더에 커버가 없을 경우 반입이 허락되지 않았다. 커버를 씌운 것만 국제선으로 가는 검색대를 통과할 수 있었다.

아파트의 공용부 타일하자보수 현장을 많이 가보았다. 벽의 일부, 바닥의 일부 혹은 벽체의 전체를 철거하고 재시공하는 작업이다. 어느 날도 역시 벽 전체가 퉁퉁거리고 들떠 있는 상태에서 일과를 시작했다. 무겁고 견고한 포세린 타일이었다. 가장 눈에 띄게 돌출된 타일 한 장을 빼내는 순간 맨 위의 타일 두 줄이 한꺼번에 바닥으로 쏟아져 깨졌다. 사람 키보다 약간 높은 위치 — 2미터 높이에서 포세린 타일 열 장 정도가 바닥으로 낙하했다. 창문이 없는 아파트 공용부 복도에서 와장창 소리는 귀가 찢어질 정도로 시끄러웠다. 그때는 작업자인 나 한 사람이 우마를 타고 있었지만, 그 순간의 복도를 누군가 지나가고 있었다면? 유모차라도 지나가고 있었다면?

그 일로 인해 나는 경각심을 가졌다. 이후로는 벽 전체가 들뜬 상태에서 적절한 안전 조치를 먼저 함으로써 타일이 한꺼번에 쏟아지는 일을 방지할 수 있었다.

하자보수 현장에서 다른 위험도 만났다. 포세린 타일 한 장을 빼내는데 그 윗장이 떨어지는 바람에 머리통을 맞기도 했다. 물통을 들고 살짝 젖은 계단을 내려오다가 미끄러지기도 했다. 물통은 물을 내뱉으면서 아래로 굴러가고, 나는 계단을 걸어 내려가지 않고 엉덩방아를 콩콩콩 찧으며 내려갔다. 물통의 물은 다 쏟아져서 아래층, 또 아래층으로 흘렀다. 계단 걸레질을 한참 했다.
(주민 여러분 죄송합니다)

수동커팅기로 잘린 타일의 커팅면을 만만하게 보고 맨 손으로 만지다 베인 적이 있다. 딴 데를 쳐다보면서 물통에 손을 넣다가 톱니 고대(tile trowel)가 잠겨있는 것을 못 보고 손을 베인 적이 있다. 고대는 수백 번을 땅에 갈았기 때문에 톱니가 칼날처럼 갈려 있다.

코너비드 역시 맨 손으로 만지다가 베인 적이 있다. 일하다가 타일 조각이 눈에 들어가서 일과 도중에 안과로 직행한 적이 있다. 이런 이야기는 해도 해도 끝이 없다. 현장에서 수천 잔의 믹스 커피를 마신 경력자라 해도 깜빡 방심하면 아무 소용이 없다.

어느 인테리어 현장이었다. 나는 아침부터 800사이즈의 포세린 타일 마이터(졸리컷)를 할 참이었고, 마침 그곳을 방문했던 페인트 사장님은 나에게 마스크를 지금 쓰고 있는 것보다 더 좋은 걸 쓰라고 신신당부했다.
'이게 얼마나 나쁜 건데요!'

현실적으로 우리는 몰탈 수십 봉지를 바닥에 털어붓는 순간, 건식으로 타일을 커팅하는 순간, 압착시멘트를 통에 붓는 순간 등 얼마나 많은 순간을 귀찮고 답답하다는 이유로 마스크를 생략하고 숨을 참으면서 일을 하고 있나? 부옇다는 이유로 보안경을 생략하고 스텐 금속을 그라인더로 자르면서 불꽃이 튈까봐 실눈을 뜨고 일을 하기도 한다. 마스크나 보안경을 쓰는 동작 10초라도 아껴서 집에 그만큼 빨리 가고 싶은가 보다. 처음 들인 습관이 중요하다는 생각이 든다.

이 책을 읽는 분들은 현장에서 다치는 일이 평생 없기를 소망한다.

곱씹어 보기 :

1. 현장과 생각을 정리 정돈합시다.

2. 현장에서 다치지 마세요. 평생 동안!

현장에서 하지 않는 세 가지 행동

뛰지 않는다

뛰어야 할 이유가 없기 때문에 우리는 현장에서 뛰지 않는다. 타일링 작업은 달리기 경주가 아니다. 사실 모든 인테리어 공사는 스피드 게임이 아니다. 우리는 일 근육을 단련해서 정확성과 지구력에 사용한다. 스피드에 쓰지 않는다. 일 머리를 써서 효율적으로 일할 망정 무리하게 서두르지 말자.

현장은 넘어지면 다치기 쉬운 환경이 될 때가 많다. 곳곳에 쌓인 타일과 부자재, 쓰고 남은 타일 조각, 깨져서 날카로운 타일, 전선이 달려 있는 그라인더와 믹싱 드릴, 물통, 수공구, 폐기물 마대, 벽에 튀어나와 있는 전선 등이 위험 요소다. 작업 테이블이 펼쳐져 있다면 그 위에는 바닥에 떨어뜨리면 안 되는 물건이 있을 것이다.

우리는 위험한 조건들을 최대한 없애고 동선 확보를 하고 또 주변을 살피면서 일한다. 조명, 필름, 도배 등 불가피하게 먼저 마감된 요소가 있다면 더 그렇다.

급하게 일하지 않는다

너무 느린 것도 문제이지만, 타일링은 급해서는 안된다. 급하다는 것은 미세한 실수를 바로잡지 않는다는 뜻이다. 타일 기술자의 마인드는 수많은 쌀알을 바닥에 부려서 그걸 하나하나 주워담는 것과 비슷하다. 디테일이 모여서 이뤄지는 과정이다. 접착제가 채워지지 않았거나, 커팅이 부정확하다거나 하는 경우에도 대강 넘어가는 기술자가 있다. 수십년 경력이 쌓여도 습관이 그렇게 들면 고치기가 힘든 경우를 많이 보았다.

타일링은 '빨리' 보다는 '정확히'가 중요하다. 기술적 숙련도가 높아질수록 일이 빠른 동시에 정확하겠지만, 초보로서 둘 다 이루기 불가능하다면 정확성을 추구하는 것이 좋겠다.

▼ 이런 환경에서 서두르면 다치기 십상이다. 서울 관악구

팔을 뻗지 않는다

타일링 현장에서는 엎어놓은 본드통을 딛고 올라서서 일하다가 미끄러져 일어나는 사고가 많다. 팔이 닿지 않으면 1) 내려와서 2) 딛고 올라선 것을 (사다리, 우마 뭐가 됐든) 더 가깝게 옮기고 3) 다시 올라가도록 하자.

고속으로 회전 중인 핸드그라인더를 붙잡고 있다면 이러한 지침은 나 뿐만 아니라 여러 사람의 안전을 보장해준다. 편안한 거리 안에서만 작업하자.

승강기가 없는 건물에서 타일 공사가 이뤄질 때는 빈번하게 사다리차를 사용해서 공구와 자재를 옮긴다. (사다리차는 스카이차와 달리 사람이 탑승할 수 없도록 디자인돼 있다) 어떤 경우는 운반구가 창문에 딱 붙어 올라오지 않고 공간이

있는 채로 일할 때가 있다. 이런 경우는 양중하는 작업자들이 안전대도 없이 창문에 걸터앉아서 몸을 바깥으로 쑥 내밀어야 하는 광경이 펼쳐진다. 20kg가 넘는 물건들인데, 위험 천만이다. 최악의 상황을 가정해서 전부 대비한 다음에 일하는 것이 맞다. 또 작업자는 공사업체 측에 그러한 요구를 하는 것이 좋겠다.

무리하지 않는다

타일 현장의 일정이란 하루나 이틀 정도로 짧을 때도 있지만 일주일을 넘어갈 때도 있다. 마라톤처럼 초반, 중반, 마무리 일정을 위해 체력을 안배해야 한다. 야간 작업이 필요한 때가 불가피하게 생기지만 사람 몸은 기계가 아니라서 다음 날 대가를 치른다. 내일 써야 할 체력까지 오늘 저녁에 당겨 쓰고 나면 경험상 마감의 결과물도 좋지 않다. 적절한 시간에 시작하고 적절한 시간에 마치는 습관을 만들자.

인테리어 업체가 작업자를 몰아붙이는 성향이 있다면 대안을 제시하고, 적절한 선을 짓는 것이 낫다. 평생 타일을 하겠다면 일정에 대한 나름의 원칙이 필요하다.

한국과 호주가 다르며 이 업체 저 업체가 다르다. 그것을 보면 일정이 급한 것, 현장이 복잡한 것, 공정이 겹치는 것도 습관인 것 같다. 일정을 급하지 않게 짜고 현장 일을 매끄럽게 진행시키는 것, 결과적으로 좋은 결과물을 만드는 것은 공사를 기획할 때 어떻게 하느냐에 달렸다.

예전에 새로운 인테리어 업체와 일하게 되었다. 이분들과의 작업은 모든 것이 전화와 문자로만 이뤄졌다. 일을 하다가 애매한 부분을 발견하면 전화해서 물어봐야 했다. 그리고 눈으로 보여줄 수 없는 것, 또 그분들이 눈으로 본 적이 없는 상황을 말로 설명해야 했다. 업체가 인테리어 경험이 많지 않다는 것을 느꼈다.

이것은 중대한 문제였다. 이분들은 철거가 미비한 상황, 타일 작업 전에 전선을 필요한 곳에 심어놓지 않은 상황 등을 체크하지 못했다. 한국의 구축 아파트일수록 현장에 많은 변칙적인 요소들이 등장한다.

서울 여의도에 30년이 넘은 아파트 공사를 갔었다. 욕실, 주방, 현관, 베란다 등 집 전체가 작업 범위였다. 타일 자재가 도착해 있고 우리 작업자들은 자재 수량을 체크하고 작업 준비를 시작했다. 덧방 시공을 도저히 할 수 없도록 베란다 바닥 타일이 완전히 들뜬 것을 느꼈다. 우리는 얼른 한 겹을 걷어내기로 결정했다. 타일 한 겹을 걷어내자 그 밑에 다시 타일이 나타났다. 그것도 걷어내자 타일이 또 있었다. 우리는 베란다의 타일을 세 겹이나 걷어냈고, 철거에 반나절을 소모했다. 그날 오후는 급히 사모래를 주문하여 바닥 미장을 새로이 했다.

인테리어 현장에는 관리자가 꼭 있어야 한다.

관리자는 기술자가 그날 하기로 된 일에 집중할 수 있도록 도와야 한다. 그러려면 현장 구석구석을 알고 있고 적절한 준비 조치를 미리 해야 한다. 또 자재가 들어와서 쌓아둬야 할 공간이 필요할 때, 폐기물이 생길 때, 민원이 발생할 때, 공정 간에 의논할 상황이 생길 때, 전기나 배관 누수 등 새로운 문제가 발견되어 이를 해결해야 할 때, 이미 끝난 공정의 하자를 처리해야 할 때 등 많은 상황에서 역할을 해야 한다. 철거가 끝나고 목공, 목공이 끝나고 타일, 타일이 끝나고 페인팅 하는 식으로 새로운 사람만 들어온다고 인테리어가 완성되지 않는다.

관리자가 없는 현장에서 우리의 작업은 무리수를 여러 번 두었다. 한 번, 두 번, 세 번 새로운 프로젝트를 넘겨받아 일하면서 '이런 식으로 하다가는 자칫 내가 이 일을 싫어하게 되겠군' 하고 느꼈다.

우리는 몇 가지 원칙을 지켜야 하는데, 그 중 하나는 "이 일이 싫어지게 만드는" 상황이라면 멀리하는 것이 맞다. 나는 당장에 돈이 되더라도 그런 상황이나 사람을 거절했다. 평생 직업으로 롱런하고 싶었기 때문이다.

'무리하지 않는다'는 뜻에는 일을 억지로 하는 상황을 가능한 피한다는 뜻도 있다. 가로 패턴으로 작업한 타일을 고객의 변심으로 뜯어내고 (타일 뒷면을 전부 긁어내고 씻고) 세로 패턴으로 재시공하는 상황, 줄눈 작업이 끝났는데 커뮤니케이션의 실수로 전부 파내고 다른 줄눈 색상으로 재시공하는 상황이 그렇다.

결정의 변경에 의해 어제 작업이 끝난 주방 타일을 다 뜯고 새로운 타일을 주문하여 (타일이 도착하기를 기다리고) 밤 아홉시까지 그라인더 커팅을 하며 주방을 새로 작업하는 상황 등이 그렇다. 타일이야 끝은 나겠지만 작업자 입장에서는 아쉬운 결과물을 남길 수 밖에 없다.

욕실 한쪽에서는 마지막 남은 몇 장의 타일을 붙이고 있고, 한쪽에서는 줄눈을 넣기 시작하고, 또 도기 설치 기사님이 양변기를 들고 들어오는 상황도 있다. 샤워기를 설치하고 나면 테스트를 위해 반드시 물을 틀어볼 것이다. 방금 넣은 바닥 줄눈이 마르기도 전이다. 이런 조건에서 줄눈은 변색되고 나중에 탈락이 진행된다. 전부 무리하는 상황이다.

일은 순서와 원칙에 맞게 정돈되어야 한다.
이를 벗어나는 것이 "무리하는 것"이다.

곱씹어 보기 :

1. 타일은 단거리 경주가 아니라 마라톤입니다. 오래도록 일할 수 있어야 합니다.

2. 당장 일거리도 받아야 하지만, 일을 하면서 자신이 만족스러워야 합니다.

현장실습 :
타일 하자 사례 모음

타일공으로서 자신이 작업한 타일을 1년, 2년 후에 다시 찾아가 보는 기회는 많지 않을 것이다. 하자가 발생해도, 그것은 대개 다른 작업자가 처리하는 경우가 많은 것 같다. 타일 기술자는 하자를 직접 본 적이 없으면 '나는 하자를 낸 적이 없어' 하고 착각할 수도 있다.

하지만 하자를 내지 않는 사람은 없다. 하자가 나지 않는다고 100% 보장할 수 있는 환경도 없다. 타일 하자 사례를 통해 엄정한 타일링 프로세스에 대한 경각심을 일깨워보고자 한다.

타일과 바탕면은 서로 밀착되어서 건물의 수명만큼 오래가는 것이 목적이다. **타일과 타일 접착제는 한국의 사계절 온도 변화에 따른 콘크리트 바탕면의 수축 팽창을 견뎌야 한다.** 이를 못 견딘 경우에 타일이 떨어지거나, 일부 혹은 전체가 들뜨거나 한다. 타일이 단단하게 잘 붙어 있어도 즉 접착제가 타일을 튼튼하게 붙잡고 있어도 바탕면이 움직이면 크랙이 생긴다. 또 차량의 통행이나, 진동이나, 물 사용에 따른 습기 등 **장소와 상황에 맞는 접착제를 써야 한다.** 또 **튼튼한 공법**으로 작업해야 한다.

이런 점들에 비중을 두면 타일 하자의 원인을 다음과 같이 추려볼 수 있다.

- 떠붙임 몰탈에서의 시멘트 과다, 혹은 시멘트 부족
- 바탕면의 분진 제거 미비로 인한 몰탈 탈락 또는 방수 탈락
- 접착 면적이 80% 이하인 시공 방법
- 타일과 타일이 만나는 코너에 신축성이 없는 사례
- 줄눈 없이 타일끼리 붙여서 시공한 사례
- 물이 빈번히 닿는 곳에 습기에 약한 접착제의 사용
- 해당 접착제가 성능을 발휘하지 못하는 바탕면에 타일 시공
- 시공자가 초래한 접착제 겉마름 현상. 타일에 접착제가 묻지 않는다.

이러한 모든 사례에 더하여, 우리는 바탕면의 수축 팽창을 견디는 폴리머 계열의 고성능 타일 접착제의 필요성을 실감해야 한다. 작업하는 타일 크기가 클수록 그렇다. 사계절 온도 변화가 뚜렷하며 혹한기와 혹서기를 거치는 우리나라이지만, 다수의 건설사/시공업체가 야외에 노출되는 타일링에서조차 등급이 낮은 재료를 사용하는 것이 현실이다.

타일 하자 사진은 아름답지 않다. 타일의 뒷면이 드러난 모습은 많은 것을 이야기해준다. 다음부터 공개하는 몇 장의 사진은 직접 목격한 수많은 사례의 지극히 적은 부분이다. 사례마다 정확한 원인을 따지는 것은 이 책의 범위를 넘어서지만 작업자의 수준에서 해석할 수 있는 가능성을 열거해보았다.

▲ 공동주택 계단 복도의 도기질 타일의 탈락

위 사진은 사실상 모든 타일을 보수한 사례다. 넓은 범위의 타일이 탈락된 것으로 보아 떠붙임 시공시 사모래 배합에서 전반적인 시멘트 과다가 원인으로 보인다. 이 건물의 1층, 2층, 3층 골고루 동일한 증상이 나타났다. 또 이 동네의 여러 건물에 이러한 증상이 있었다. 비슷한 시기에 지어진 것이 아닐까 추측해 본다. 천정과 만나는 부분, 벽과 벽이 만나는 모서리 부분에 신축성이 있는 실란트가 처리돼 있지 않아 아쉬운 부분이다. 단단한 백시멘트로만 모서리를 마감하면 계절 변화에 따라 타일은 더 큰 압력을 받는다.

▲ 아파트 거실 아트월 타일의 탈락

거실 아트월 타일에서 이러한 사례가 많다. 아트월 타일은 고급스러운 것을 쓰게 마련이고, 그러다보니 흡수율이 거의 없는 포세린(폴리싱) 타일이 많이 쓰인다. 접착제를 쓸 때는 기본적으로 접착 면적이 확보되어야 하고, 여기에 수축 팽창을 견딜 수 있는 성능이 필요하다. 위 사진의 경우 에폭시와 떠붙임 몰탈이 같이 사용되었으나 타일의 무게에 비해서 접착 면적도 적지만 중요한 것은 신축성이 전혀 없는 접착제를 사용했다. 타일에 가해지는 힘을 접착제가 견뎌내지 못한다. 일부를 보수하더라도, 나머지 타일들 역시 탈락이 진행될 것이다. 줄눈없이 타일을 다닥다닥 붙여서 시공한 경우 계절 변화에 따라 타일은 더 큰 압력을 받는다. 신축성이 있는 줄눈 제품을 사용하면 하자율을 줄일 수 있다.

▲ 아파트 욕실 타일의 탈락 (방수층의 탈락)

욕실에서 유독 허리 아래 높이의 타일이 들뜨거나 솟아있다면 방수층이 콘크리트 바탕면에서 이탈돼 있을 가능성이 많다. 액체 방수를 흔히 그 정도의 높이로 올리기 때문이다. 이 경우 도기질 타일 배면과 떠붙임 몰탈은 단단하게 붙어 있고 액체 방수층이 콘크리트 바탕면에서 이탈된 모습을 확인할 수 있다. 가장 약한 고리가 끊어진다는 점을 감안할 때에, 액체방수를 할 당시에 바탕면의 먼지가 제대로 제거되지 않은 것으로 보인다. 먼지 제거는 방수와 타일링에 지대한 영향을 주는 요소다.

▲ 미장된 바탕면에 자기질 (폴리싱) 타일의 떠붙임 시공 하자. 어른의 큰 손바닥이 들어갈 만큼 공간이 비어 있다.

이런 사례도 접착제를 과신한 것으로 보인다. 거대한 쿠키가 벽에 붙어 있는 것처럼 보인다. 어떤 쿠키는 콘크리트 벽에, 어떤 쿠키는 타일 뒷면에 붙어 있다. 또 다른 것은 바닥으로 떨어졌다. 이러한 상태에서 타일링을 해야 한다면 우선 등급이 높은(탄성이 있는) 접착제를 써야 한다. 1) 바탕면에 스킴코트를 하고 2) 타일 배면 처리(back buttering)를 하고 3) 접착제를 촘촘히 찍어서 빈 공간 없이, 또한 최대한 얇게 작업해아 한다. 그렇게 작업할 만한 시간이나 경제적 보상이 주어지지 않았던 것 같다.

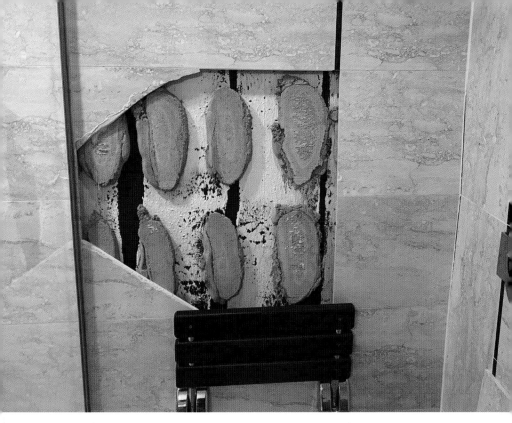

▲ 욕실 샤워룸 안쪽의 자기질 타일의 탈락. 눈에 보이게 깨진 것 뿐 아니라 양 옆으로도 타일이 솟아올라 있다. 콘크리트 면이 수축했으나 타일이 이를 견디지 못했다.

고급 브랜드 아파트 욕실에서 타일이 탈락되었다는 문의를 받고 가보면 대개 이런 모습이다. 이 욕실처럼 흡수율이 3% 이하로 매우 적은 자기질, 혹은 흡수율이 0.5% 이하의 포세린 타일이 쓰인 경우 몰탈 떠붙임 시공할 때에는 타일에 배면 처리를 해야 한다. 또 탄성이 있는 줄눈을 사용해야 한다. 벽체 미장을 하고 바탕면과 타일 뒷면 모두에 접착제를 도포하여 압착 시공한다면 더 바랄 것이 없겠다. 거친 콘크리트 옹벽에 방수를 마친 후에 곧바로 타일을 시공하는 것은 우리나라 아파트 신축 환경에서 바뀌기 쉽지 않을 것이다. 하지만 새로 인테리어를 하거나 개인 주택의 신축을 하려는 분들께는 벽체 미장 후 타일 시공을 권한다.

▲ 아파트 1층 현관 복도 자기질 타일의 탈락

이쯤 되면 독자들께서는 '타일 잘 붙이기 참 어렵네' 느끼실지도 모른다. 저렴한 재료로 찍어서 붙이고, 접착 면적 확보조차 되지 않으면 당연히 하자가 난다. 저렴한 재료란 견고함 뿐 아니라 탄성 기능이 없음을 뜻한다. 이곳은 외기 온도에 많은 영향을 받는 1층으로, 타일은 실내보다 더 많은 수축 팽창을 견뎌야 한다. 이러한 환경에서 작업해야 한다면 고성능의 타일 접착제로 1) 벽면에 스킴코트를 하고 2) 타일 뒷면에 배면 처리를 하며 3) 촘촘하게 찍어서 뒷면에 공간이 없게, 또한 최대한 얇게 붙여야 하자를 줄일 수 있다.

▲ 아파트 베란다 바닥 자기질 타일의 들뜸과 탈락

인테리어 현장에서 흔히 바닥 타일링을 할 때에 압착시멘트에 백시멘트를 첨가
하여 빨리 굳게 하는데, 그 이유는 나중에 바로 밟고 올라가서 바닥 줄눈까지 넣
고 일을 끝내기 위해서다. 압착시멘트에 백시멘트를 과도하게 배합하면 겉마름
이 빨리 진행된다. 겉마름 상태에서는 타일을 올려놓아도 타일 뒷면에 접착제가
안 묻고 도장 찍히듯이(stamping) 눌리기만 한다. 짧은 시간 동안 타일이 붙어
있는 것처럼 보이지만 접착 강도가 약해서 나중에는 떨어져버린다.

▲ 상가 바닥 자기질 타일의 들뜸과 탈락

또다른 바닥 타일 탈락 사례이다. 하루에도 수백 명이 밟는 상가 중앙 통로의 헥사곤 타일인데, 넓은 면적이 모두 들떠 있었다. 접착제는 자기질 타일의 뒷면에 거의 묻어 있지 않았는데, 압착시멘트에 백시멘트를 듬뿍 섞어서 빠르게 굳게 한 다음에 그날 밤에 곧바로 줄눈까지 마감하지 않았을까 추측해본다. 작업자가 속도를 내기 위해서는 접착제를 한번에 넓게 펴바르면 된다. 타일을 비비거나 두드리지도 않고 슬쩍 올려놓고 지나가면 더 빠르다. 그러면 스피드를 뽐낼 수 있다. "그날 밤에 혼자서 20평을 작업했어!"

하지만 시간이 지나서 결과는 이러한 모양으로 나타난다.

▲ 야외 바닥 타일의 표면 터짐

잘 붙어있구나 싶지만, 자세히 보면 타일 표면에 물방울처럼 코팅면이 터져 있다. 외부에 시공된 바닥 자기질 타일이다. 표면이 겨울철에 비나 눈이 내렸을 때에 물을 흡수했다가, 얼어서 터진 것이다. 물은 얼면 부피가 9%나 상승한다. 흡수율이 거의 없고 강도가 충분한 포세린 타일을 써야 한다. 겉면 코팅이 없는 풀바디(full body) 포세린 제품이나 15~20T 두께의 석재 타일이면 더욱 바람직하다. 바닥용 자기질 타일의 흡수율 기준은 3% 정도이지만, 포세린 타일은 0.5% 이하다. 만약 물이 고일 시간적 여유가 없을 정도로 경사도가 충분했다면 이러한 현상을 줄일 수 있을런지도 모른다.

하루에 끝내는 바닥 시공을 정말로 끝냅시다

현장의 타일 하자들을 종합해보면 타일은 고급화하였으나 부자재는 성능이 낮은 것을 쓰는 경우가 많다. **타일과 그 물량은 겉으로 드러나는 결과물이고, 경제적 보상은 그에 맞춰 주어진다.** 부자재는 타일 뒤에 숨어서 보이지 않는다. 공법이나 접착면적도 겉으로 보이지 않는다. 단차 없이 반듯하게 덮어버리면 최종 소비자는 속이 어떻게 되어 있는지 알 길이 없다. (부득이 저렴한 공사를 원할 경우 앞서 열거한 방식처럼 저렴하게 시공될 수도 있다. 이 경우 작업자만의 문제는 아니다.)

나는 예전에 어느 타일 커뮤니티에 가입했다가 대선배인 카페 매니저가 "사모래만 가지고 천정에 포세린 타일을 붙일 줄 알아야 기술자"라고 자신만만하게 쓴 글을 본 적이 있다. 기술에 대한 자부심이 지나치면 고집이 되고, 변화에 적응하지 못할 수 있다. 고성능 타일 부자재가 개발되어 나오는 이유는 기존의 제품에 결함이 있기 때문이다. 타일 기술자는 발전하는 부자재의 스펙과 등급을 학습하고 또 이를 현장에 적용해야 한다.

이러한 타일 뒷면의 사진들을 작정하면 수십 수백 장을 실을 수 있다. 백화점, 공항 면세점 등 상가에 타일 하자가 발생하면 가구는 물론 고가의 상품들이 그대로 진열된 상황에서 매우 어려운 보수 작업을 해야 한다. 세상에 돈이 너무 흔해서, 타일 공사를 두 번씩 하는지도 모른다. 하자가 난 바닥타일을 들어올려 보면 굳지도 않은 모래가 채워져 있는 경우도 있다. 이집트 피라미드도 아닌데 모래사막 위에 타일을 올려놓고 가는 사례다.

하룻밤에 넓은 홀의 바닥시공과 줄눈까지 끝내버리는 방법이 존재한다. 붙이자마자 곧 올라가서 줄눈 작업을 할 수 있는 방법이 있다. 그날 새벽까지 타일링을 끝내고 아침이 오면 가구나 집기가 들어와야 하는 상황에서 작업하는 방식이 있다. 앞서 서술했듯이, 타일링 공임은 붙인 면적으로 책정한다. 혹은 인테리어 업체가 작업자를 고용할 때 일당으로 책정한다. 제한된 시간 동안 많은 물량을 해내는 것이 미덕으로 간주되기 마련이다. 결과적으로 작업자는 당장의 시간적인 유리함을 선택하는 경우가 많다. 이것이 선을 넘으면 날림 시공이 된다.

그것을 변화시킬 수 있는 사람은 현재 타일링을 하고 있는 나 자신과, 우리 세대의 자부심 있는 동료 기술자들, 또 이 책을 읽는 분들이라 생각한다. 이 직업을 선택하는 이유는 돈 때문만은 아니다. 기본기와 원칙을 갖춘 기술자가 되어야 한다.

곱씹어 보기 :

타일의 트렌드가 고급화할수록 부자재나 공법도 그에 어울려야 합니다. 면 갈아내기, 미장, 프라이머, 고성능 자재에 대한 투자, 접착 면적 확보(꽉 채우기)가 기본입니다. 타일의 겉면보다 보이지 않는 뒷면이 더 중요합니다. 타일을 붙이는 자체보다 붙이기 전 단계가 중요합니다.

제 2부

날아오르다

#기술과 품질 #타일링 이론 #타일공구 #기술멘토 #성공마인드
#좋은 기술자의 특징 #영업방법 #개인브랜딩 #기술향상의 비밀
#기술자 커리큘럼 #타일링클래스101

▲ 아파트 전실 바닥의 프렌치 패턴 타일링. 경기 김포 장기동

제일 처음 배워야 하는 교훈

무엇을 쫓아갈 것인가

앞 장에서 우리는 현장에서 안전을 지키고, 품질을 우선으로 여기며 무리하지 않는다는 행동 원칙을 이야기했다. 빗방울 하나가 산꼭대기에 내려서 산 아래로 흘러갈 때에, 작은 갈림길 하나로 결국에는 전혀 다른 지역에 도달한다. 똑같이 작업복을 입고 타일공으로 출발해도 마음 속에 어떤 원칙을 갖고 있는지, 또 무엇을 추구하면서 일을 하는지에 따라 세월이 지났을 때는 많은 차이가 있을 것이다.

독립한지 얼마 되지 않은 시절이었다. 어느 인테리어 업체와 새롭게 일하게 되었다. 어느 날은 그분들의 현장에 가서 주방 타일링, 베란다 타일링, 욕실 타일링 또는 주방과 현관 작업만 해드리고 일과를 마치곤 했다. 인연을 시작할 즈음에 업체의 실장님은 나에게 이렇게 제안했다.

"일당은 저희가 알아서 드리면 안 될까요?"

무슨 말이지, 싶었으나 나로서는 "노" 할 수 있는 여지가 없었다. 인테리어 업체는 실제로 작업비를 그분들이 편한(?) 날짜에, 또 그분들이 원하는 금액으로 보내주었다. 나는 일할 수 있는 기회가 주어지는 것으로 만족했다. 나중에 나는 받는 금액이 턱없이 적다는 느낌을 받았다. 고민을 했는데, 이때 멘토가 해주신 이야기는 명쾌했다.

"기술을 발전시키면 돈은 자연스럽게 따라와."

돈은 참 중요하다. 난이도 있는 고된 작업에는 그만큼의 대가가 따라야 한다. 그 일이 세상이 돌아가는데에 꼭 필요한 일이고, 그 일을 할 수 있는 사람이 많지 않으면 더욱 그렇다. 그럼에도 불구하고 기술을 배우는 초반에는 이 원칙이 필요하다.

돈에 집중하면 돈이 안 오른다.
기술과 품질에 집중하면 돈이 찾아온다.

경제적 이유로 타일 또는 기술직을 선택하더라도, 근본적으로 기술직이 자신에게 재미있어야 한다. 그래야만 이 원칙을 지켜갈 수 있다. 현장이 체질에 맞고, 마감 짓는 하루 일과에서 성취감을 느껴야 한다. 그런 사람은 더 좋은 결과물을 만들고 싶어서 자연스럽게 기술 향상을 위해 노력한다.

나는 기술자들이 모두 퇴근한 저녁에 혼자 현장에 남아서 타일을 붙이곤 했다는 분들의 이야기를 안다. 집에서 벽돌로 담벼락을 만들어서 타일을 붙였다가 떼보고, 또 마당에 몰탈을 부어서 바닥 주거미(물매) 작업을 해보곤 했다는 분들의 이야기를 안다. 나도 처음부터 누군가 차근차근히 알려주었다면 좋았겠지만 많은 시행착오를 겪어야 했다. 외로운 시간들이다. 분명한 것은 내 마음이 어딘가에 집중하면, 그것을 끌어당겨 온다는 사실이다. 타일에 미칠 정도로 푹 빠져본다는 것도 행운이다.

기술 배움과 품질에 마음을 기울이면, 점차 간단하고 작은 공간을 맡아서 처리할 수 있는 사람으로 변한다. 처음에는 품질을 우선해야 한다. 또 정확한 방법을 배워야 한다. 정확한 방법은 사실 스피드도 보장해준다.

직장에 다닐 때 내 경제관념은 이러했다.

1. 회사에 소속되어야만 돈을 번다.
2. 한달을 채우면 무조건 월급을 받는다. (받아도 된다)

내가 직장에서 맡은 일은 중요한 일이었지만 마인드는 단기 아르바이트생이나 다름없었다. 독립적인 기술직을 경험하고 나서야, 돈이란 자리를 지킨다고 무조건 받는 것이 아니라 타인에게 가치를 제공해야만 받는다는 상식을 발견했다.

▼ 바닥 배수구 유가를 위한 타일 커팅. 공들여 만들어 놓고는 손에 힘이 빠져서(?) 떨어뜨려 깨먹기도 한다. 경기 파주 문산

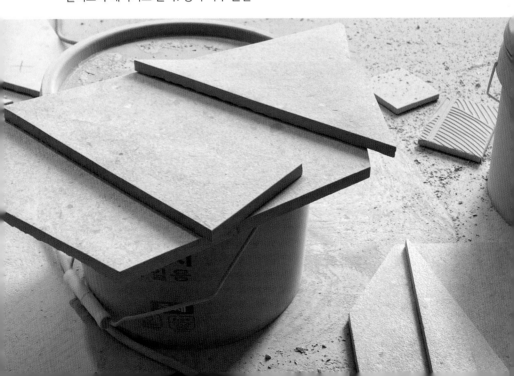

이 세상의 누군가가 나에게 수백만 원을 주려면 나는 동등한 가치, 혹은 그 이상의 가치를 남에게 줘야만 한다. 그래야만 거래가 성립한다. **그 간단한 정의로움이 전제되지 않으면 근로자의 복지라느니 고용보장이니 하는 것도 다 공허한 소리가 되고 만다.** 내가 월급을 줘야 하는 입장이라고 바꿔서 생각해보자. 세상의 누가 손해보는 장사를 할까?

타일 기술자는 하나의 1인 기업으로서 자신의 기술, 자신의 체력을 그대로 현금으로 바꾸는 직업이다. 자신이 다녀가고 나면, 그 공간이 멋지게 마감된다면, 그 아름다움이 건물 수명만큼 유지된다면, 또 그렇게 해낼 수 있는 사람을 찾기가 어렵다면 비로소 큰 경쟁력이 생겨난다. 사람들이 지갑을 열면서 와 달라고 부탁을 한다. 기술과 체력 이 두 가지는 펴낸다고 줄어드는 것이 아니다. 건강을 지키기만 하면 일생 동안 계속해서 꺼낼 수 있는 자산이다. 다음에 설명하는 세 가지를 바탕으로 기술과 이론을 연마하자.

타일링 이론에의 접근

첫째가 바탕면의 종류와 그에 맞는 대응방법이다.

콘크리트면, 몰탈 미장면, 타일 온 타일(tile on tile, 덧방 시공), 각종 보드 등의 바탕면의 특성에 대해서 공부해야 한다. 수직으로 서 있는 면이 있고 그렇지 않은 면이 있다. 반듯한 면이 있고 울퉁불퉁한 면이 있다. 그에 맞는 공법을 알아야 한다. 타일을 붙일 수 없는 바탕면을 타일을 붙일 수 있게 만드는 것도 타일 기술자의 역할이다. (이 문장을 자기 편리한대로 해석하거나 오해할 수 있겠다. 욕실 공간이나 벽 자체가 존재하지 않을 때에는 다른 누군가 벽을 만들고 설비를 끝내주어야 한다!)

바닥에 물매를 잡는 작업(주거미)은 당연히 기술자의 몫이며 간단한 철거도 직접 할 수 있어야 한다. 벽체에 프라이머 작업을 한다든지, 접착성이 좋도록 스킴 코트를 한다든지, 샌딩하는 등의 작업도 이해해야 한다.

이 공부가 안 되어 있는 작업자는 예를 들어 나무 합판에 그대로 타일을 붙인다. 심지어 인테리어 업자도 그런 지시를 내린다. 이 공부가 부족한 사람은 하자를 낸다.

두번째가 타일의 종류와 그에 맞는 시공방법이다.

타일은 점토를 높은 온도에서 구워서 만들어낸다. 비교적 낮은 온도에서 만들어낸 도기질 타일이 있고 더 높은 온도에서 만든 자기질 타일, 또 그 이상의 포세린 타일이 있다. 표면 가공 방법이 다르며, 흡수율과 강도의 차이가 있다. 그에 맞는 접착제와 공법을 이해해야 한다. 톱니 고대를 사이즈와 크기별로 어떤 타일에 사용하는지, 또 왜 그렇게 하는지 알아야 한다.

세번째가 접착제와 줄눈의 종류와 그에 따른 취급방법이다.

시멘트의 성질을 이해해야만 기공이 될 수 있다. 이를 기반으로 접착제와 줄눈을 이해해야 한다. 대부분의 접착제는 포장 뒷면에 상세한 설명이 기재되어 있다. 이를 학습하거나, 제조사 웹사이트에 가서 매뉴얼을 읽으면 된다. 접착제를 개발하고 판매하는 사람들은 제품에 대한 책임을 진다. 적합한 바탕면과 타일 종류, 믹싱을 하는 요령, 타일을 하자없이 붙이는 방법을 가장 정확하게 설명하고 있다. 접착제에 대한 공부가 되어 있지 않은 사람은 예를 들어 겉마름이라는 단어가 뭔지 모른다. 혹은 물을 많이 쓰는 장소에 물에 녹는 접착제를 사용한다.

네번째는 타일링 장비의 종류와 다루는 방법이다.

타일 가공에 쓰이는 장비들은 세계 공통이다. 장비가 어떤 원리로 그 일을 하는지 학습해야 하며 제대로 쓰는 법을 배워야 한다. 커터기는 제조사마다 특성이 있어서 그에 따른 요령을 익히면 된다. 그러면 정확한 결과물도 만들 수 있다. 타일이 대형화되면 전혀 새로운 장비 세트가 필요하다.

타일링 이론이란 이 네 가지 안에 모두 들어온다. 현장에 나가지 않는 날에는 타일 전문 공구샵을 견학해 보자. 큰 타일 매장을 구경해보자. 인터넷을 켜서 타일링 이론을 학습하자. 현장에 나가지 않는 날은 이런 공부로 심신을 재충전하는

▼ 타일공이 어쩌다가 미장공이 되어버렸나! 현장에서 일어나는 수많은 타일 하자는 바탕면 준비를 소홀히 해서 일어난다.

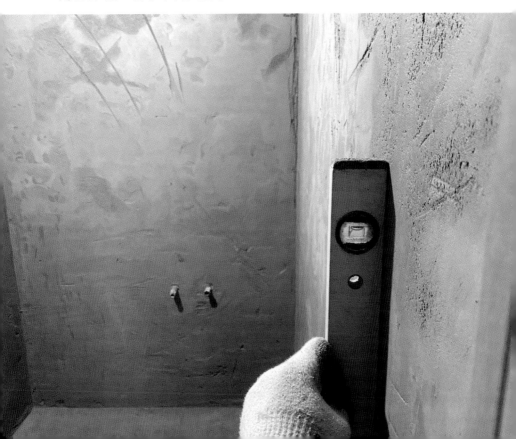

날이다. 타일 시공에 관한 구체적이고 실질적인 이야기는 2부의 마지막 '타일링 클래스 101'에서 다시 다루자.

곰씹어 보기 :

1. 돈도 중요하지만 타일 그 자체로 재미가 있어야 계속 할 수 있어요.

2. 다른 사람에게 가치를 제공해야 대가를 받습니다. 본래는 내 돈이 아닙니다.

장비는 뭐부터 사야 되나

고생하는 작업자를 위한 최고의 선물

장비 이야기만큼 우리를 기쁘고 설레게 해주는 것이 없다. 타일링에는 거창한 장비 뿐 아니라 빗자루, 스펀지, 사인펜 등 온갖 자질구레(?)하고 크고 작은 도구들이 필요하다. 하나라도 빠지면 문제가 생긴다.

현장에서 보조를 이제 시작하는 조공이라면 가장 먼저 핸드그라인더를 소유하는 것이 좋다고 생각한다. 나도 장비를 빌려쓰다가 처음으로 보쉬 그라인더를 장만했을 때의 기억이 남아 있다. 묵직하고 깨끗한 전동공구를 언박싱하고, 새 타일날을 끼울 때의 느낌은 내가 무슨 일을 하는 사람인가를 일깨워주었다. 동시에 그 소유물은 내 무의식에 이렇게 외쳤을 것이다.

'이제는 이 길로 쭉 가야 돼. 돌이킬 수 없다구!'

핸드그라인더는 일종의 푸쉬(push)다. 그걸 가지면 마법이 작용하는데, 이걸 소유한만큼 빨리 자유자재로 다룰 수 있고 싶다는 즐거운 열망이 생긴다. 사람은 본래 이기적이어서 자기 장비가 아니면 애착을 갖지 않는다. 애착을 주기 시작하면 그만큼 빨리 성장한다. 그 점 때문에 기술자가 되려는 조공에게 핸드그라인더 구입을 권한다. 장비 투자로서 다음 단계는 타일커터기가 될 것이다.

하루 일과를 마치고 장비를 정리하는 시간은 매우 즐겁다. 그날 작업의 보람, 일을 원하는 만큼 진척을 시켰다는 안도감이 있다. 무엇보다 소중한 장비를 말끔하게 닦는 행위 자체로 기술자로서의 순수한 만족감이 들어있다. 가끔 수고했다고 내일도 잘 부탁한다고 말을 걸기도 한다. 너무 힘들게 일해서 정신이 살짝 나간 것이다.

최고급 자재로 꾸민 타일 현장이라도 마감을 하고 나면 이별(?)해야 하지만 장비는 수명을 다할 때까지 나와 함께 간다. 이것은 내 분신이다. 좋은 것을 사야 한다. 장비를 닦는 즐거움은 세월이 지나도 좀체로 바뀌지 않는 것 같다. 장비를 정리하는 짧은 순간에, 낮 동안 전화도 못 받으면서 작업에 집중했던 두뇌가 다시 가족과 일상으로 돌아간다.

장비는 기술자의 알파와 오메가다. 또 개인의 스타일과 성품을 반영한다. 나는 종종 다른 기술자들의 공구함을 보고 배우고 싶다. 장비 세트를 주관적으로 분류해 보았다. '스타터 세트'는 조공을 뜻하지 않는다. 기공으로서의 출발 지점이다.

스타터 세트 Starter Kit

작업장갑, 작업화
방진마스크, 귀마개, 보안경
무릎보호대
빗자루, 쓰레받기

스펀지, 20L 통

수성사인펜

커터칼

줄자 5m

십자 드라이버

핸드그라인더, 타일용 그라인더날

철 헤라, 각망치, 정(다가네)

실, 콘크리트 못

먹줄 (초크라인 Chalk Line)

냉가고대 (접착제를 통에서 떠내는 용도)

기고대 (미장용)

고무망치

줄눈용 고무헤라

압착고대 (톱니고대, Tile Trowel) 6mm, 8mm, 10mm 등

수평대 60cm, 90cm

타일스페이서 (십자형, 일자형)

타일커터기 60cm 이상

레이저레벨기, 삼각대

믹싱드릴

예전에 나는 믹싱드릴 없이 수작업으로 접착제를 갰다. 무식해서 용감했다! 빗자루는 폭이 좁은 것보다 넓은 것이 낫다. 일반 빗자루보다 방수빗자루가 먼지를 더 깔끔하게 처리하는 것 같다. 커터칼은 날이 넓고 두꺼운 것이 타일링 작업에 적합하다. 현장에서 커터칼은 그저 종이만 자르지 않는다.

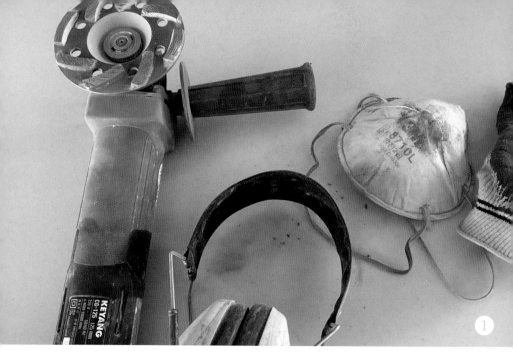

①,③ 핸드그라인더는 4~5인치가 가장 널리 쓰인다. 타일을 종류와 상관없이 가장 간편하고 빠르게 가공할 수 있는 필수 장비. 다양한 날을 끼워서 다양한 재료에 쓴다. 실내에서 작업용 선풍기나 배풍기를 쓰면 분진을 실외로 내보낼 수 있다.

핸드그라인더는 계양(Keyang) 제품, 귀마개는 3M

② 타일커터기는 직선 커팅을 손목 스냅 한 번으로 달성해주는 필수 장비이다. 헤드를
회전시켜서 원하는 각도로 만들 수 있는 커터기도 있다. 시그마(Sigma) 제품

④ 벽체 미장에 사용한 몇 가지 수공구들. 노란색 수평대는 스테빌라(Stabila) 제품

미장판은 마샬타운(Marshalltown)

① 타일 고대(tile trowel)의 용도. 톱니 형태로는 접착제를 일정량만 남기고 긁어낸다.
평평한 면으로는 접착제를 펴서 바르거나, 긁어서 코팅을 만든다. 신용공구 제품

③ 일자 스페이서의 용도. 원하는 만큼의 갭을 만들고 유지해준다. 나중에 스페이서를
빼낼 때는 약간 꽉 끼어있는데, 접착제가 굳으면서 수축했기 때문이다.

② 레이저레벨기의 용도. 벽과 바닥, 천정에 수평, 수직선을 만들어준다. 바닥 타일과 라인을 일치시키면 멀리 떨어진 타일 사이즈를 미리 정할 수 있다. 코텐(Koten) 제품
④ 초크라인(먹줄)의 용도. 레이아웃 결정이 끝난 후, 지워지지 않는 작업선을 이것으로 확정한다. 스탠리(Stanley) 제품

① 무한한 삽질—시멘트와 모래를 좁은 공간에서 균일하게, 또 효율적으로 섞는 일—이 빈번할 수 있다. 타일공의 삽은 땅을 파는 용도가 아니기 때문에 끝이 네모난 각삽을 쓴다.
③ 파쇄드릴은 적은 양의 철거를 직접 해야 하는 순간에 요긴하다. 대형 모델이 아니어도 된다. 망치질을 안 하는 대신 먼지가 발생하는 것이 단점이다.

② 좋은 작업화, 좋은 작업 장갑 뿐만 아니라 작업벨트처럼 직접 몸에 닿는 것들을 보면 욕심이 나기 마련이다.

④ Xtorque 레벨대는 Tilers Screeding Level(타일공이 쓰는 레벨대)이라고 명시돼 있는 점이 흥미롭다. 자석 기능은 없지만 얇고 가볍다.

발전한 세트 Established Kit

접이식 대차(카트)

공구박스

더 나은 마킹펜 또는 마킹용 펜슬

또 하나의 핸드그라인더

또 다른 타일커터기 (작거나 매우 크거나)

고품질의 타일커팅날

다이아몬드 연마패드

다양한 크기의 수평대

T자, 직각자

배관 사이즈에 맞는 다이아몬드 홀쏘 / 38mm, 50mm 등

▼ 브랜드의 선택에 있어 정답은 없으며 자신에게 맞는 것이 좋겠다. 처음 구입한 고가의
배터리가 호환이 되므로 그 후로 계속 같은 브랜드의 공기계를 사는 경우가 있다.

다양한 크기의 압착고대 4mm, 15mm 등
전동드릴
조절형 몽키스패너
실리콘건, 실리콘헤라
줄눈 청소 바스켓 세트와 손잡이 달린 스펀지
소형흡착기 (수동)

'아니 이건 왜 빠졌어?' 반문하는 분도 있으실지 모르겠다. '흠, 이건 모르는 모양이군' 하고 쿨하게 넘어가주시길. 파쇄드릴(파괴해머, 속칭 뿌레카)을 갖고 있는 기술자도 있으며, 충전식 배터리를 쓰는 전동 공구를 선호하기도 있다. 미장용 퍼티판, 조적삽을 갖춘 사람도 있다.

짐이 많아진다는 공통점은 타일공이라면 공감할 것이다. 현장에서 만나는 변수에 따라, 또 자신이 원하는 마감의 형태에 따라 유용한 솔루션을 찾기 때문이다. 실리콘건이나 스패너를 평생 잡지 않는 기술자도 있다. 특정한 상황에서는 글루건을 쓰기도 한다. 어느 선배는 나에게 이런 말씀을 해주셨다.

"공구를 가지면, 내가 할 수 있는 일의 범위를 넓힐 수 있어."

파쇄드릴을 갖고 있으면, 많은 양은 아니더라도 적절한 철거에 요긴하게 쓸 때가 있다. 작업을 하러 갔다가 바탕면의 상태가 좋지 않아 급히 철거를 결정해야 한다면 망치만 가지고 철거하는 것보다 장비를 쓰는 것이 신속하다. 욕실의 도어를 풀어내고 장애물 없이 욕실 타일 작업을 해야 할 때, 십자 드라이버만 가지고 경첩 나사 12개를 푸는 것보다 전동드릴을 갖고 있으면 쉽고 빠르다. 바이스플라이어를 갖고 있으면, 오래되고 꽉 잠겨 풀리지 않는 앵글밸브를 고민없이 풀어낼 수 있다.

재미로 하는 이야기지만, 커터기 하나만 달랑 갖고 올라와서는 나머지는 '야, 고대 하나 있니? 먹줄 있니?' 후배들 것을 쓰는 작업자도 있다. 레벨이 너무나 높아서 그럴까? 현장에 흔히 여러 사람이 같이 들어와서 작업을 하므로 왠만한 공구가 있기 때문이기도 하다.

대형 타일링 세트 Distinguished Kit

평탄클립세트
작업테이블
박판타일용 레일커팅기
진공게이지가 달린 흡착기(수동 또는 전동)
집진기, 워터펌프
박판타일 양중기
기타 등등

평탄클립을 비롯한 레벨링시스템은 타일이 대형화되면서 중요해졌지만 이것 없이도 일을 할 수 있는 사람이 숙련자다. 대형 장비로 넘어오면 이제는 나의 견해 안에서 명확히 정리하기 어렵다. 해마다 새로운 스마트폰이 나오듯이 지금도 장비는 개선되고 있다. 웻쏘(wet saw, 습식커팅기)는 분진 발생 없이 보다 깔끔한 커팅을 위해 필요하다. 마이터 가공이나 두꺼운 석재 가공에도 적합하다.

나는 어려운 현장을 마감한 후에는 한숨 돌리려고 타일공구샵을 가곤 했다. **그곳은 타일공구를 파는 것이 아니라, 타일공이 만나는 문제에 대한 해결방법을 판매한다.** 장비를 쓰다 보면 나에게 맞는 것을 찾을 수 있다. 퍼포먼스, 디자인, 가격 순으로 판단하면 된다. 한 가지 명제는 늘 옳다. <싸고 좋은 것은 없다.>

▲ 사실 딱 요것들만 있으면 되는데… 왜 이렇게 짐이 많아졌지?

[영상] '타일을 하려면 무슨 공구가 필요할까?'
- 악어타일의 유튜브인데, 왠만한 기본 공구와 장비에 대해서
설명해놓았다. 채널을 접지 않았다면 볼 수 있을 것이다.

첫번째 좌절에서 어떻게 벗어나는가

몸도 힘들고 마음은 더 힘들 때

신입사원에게는 사표를 던지고 싶은 순간이 오기 마련이고, 마라토너에게는 지금 멈추지 않으면 죽을 것 같은 '사점'이 오기 마련이다.

넘기 어려운 산은 인생의 어떤 길, 어떤 단계를 가더라도 찾아온다. 우리의 삶을 풀어가는 가장 중요한 열쇠 — 말하자면 인생에서 성공할 수 있는 단 하나의 비결이 있다면, 어려운 산을 넘어가는 것이라 할 수 있겠다.

타일 작업 현장에서 느끼는 좌절이란 마음이 힘들 뿐 아니라 몸도 완전히 지친 상태에서 온다. 축구 선수가 필드에서 지치면 선수 교체를 받으면 될 일이지만, 타일공은 교체 선수가 없다. 좌절을 느끼는 그때는 대체로 저녁 시간이고, 저녁 시간은 이성보다는 감성이 주도하는 시간이다.

그때의 선택은 중요하다.

갓 독립하여 타일링을 하던 시절, 어느 지역의 신축 현장이었다. 준비된 타일은 흔한 사이즈의 도기질 벽타일과 바닥타일이며 크고 작은 공용화장실 5칸이었다. 나는 현장을 직접 보았지만, 얼만큼의 작업량인지 정확히 판단하지 못했다. 그만큼의 일을 해보지 않아서였다. 주어진 일정은 닷새. 누군가 미장을 하고 가셨지만, 미장이 된 벽체는 아래로 갈수록 배가 나와 있었다. 작업자는 보조 한 명과 기술자 한 명이었다. 나는 무식용감했다.

첫째날, 현장 소장의 요청대로 모든 화장실의 바닥에 베딩을 잡았다. 나는 화장실 벽체마다 커팅이 없는 원장만을 붙이고 나머지는 남겼다. 작업 초반을 빠르게 진척시키기 위해서였다. 하루 이틀 작업이 되어가는 것을 지켜보던 소장은 나를 따로 불렀다. 약속한 날까지 되겠느냐고 내게 물었다. 그 다음날도 소장은 나를 지켜보다가 따로 불렀다. 약속한 날까지 되겠느냐고 물었다. 내 대답은 계속 "예스"였다.

느린 손, 복잡한 구조, 지금 떠올려봐도 너무나 엉망이었던 바탕면이었다. 기한을 맞추기 위해 매일매일 아침 7시에 도착해서 저녁 10시까지 작업을 했다. 시간을 아끼기 위해서 끼니는 편의점 도시락으로 해결했다. 마음 속에는 오로지 일정, 일정 뿐이었다.

저녁이 되면 나의 작업복은 타일 본드가 덕지덕지 묻어 있었다. 길거리에 어스름이 깔리면 총총히 걸어가는 가족들, 연인들이 보였다. 그들의 옷은 너무나 깨끗했다. 끝마칠 수 있을까. 가족에게 미안한 마음이 들었다. 조공을 고생시켜서 미안한 마음이 들었다. 복잡한 감정이었다.

그날이 첫번째 좌절이었다.
나는 전화를 걸었다.

다음번의 위기는 또다른 신축 주택 현장이었다. 1층부터 4층까지 욕실 네 개가 있었다. 가늘고 길다란 쪽타일 작업이었다. 3층과 4층 거실 바닥은 600x600 포세린 타일링이었다. 계단으로 타일을 날랐다. 접착제 믹싱은 일층 바깥에서 했다. 수도꼭지는 일층에만 한 개 있었다. 하얀색 욕실 타일에 줄눈은 모두 검은색이었다.

기한을 맞추기 위해 우리는 또 매일 해가 진 후에도 작업을 했다. 4층 넓은 홀 바닥 작업을 하는데 에이콘 냉온수 배관이 바닥에서 길게 튀어나와 있었다. 그 둘은 서로가 맞물려 잠겨 있었다. 타일 한 장을 통째로 가르지 않고 구멍만 내서 마감하려면 그 둘을 풀어야 했다.

'이게 뭐지? 이걸 풀어야지.'

▼ 한적한 시골 마을, 주택 리모델링 현장에 도착했다.
   현장은 늘 새롭다. 그날 어떤 일을 겪을지 미리 알 수는 없다.

즉시로 차가운 물을 뒤집어썼다. 수압이 강해 도로 잠글 수 없었다. 물은 4층으로부터 계단을 타고 흐르고 흘러서 1층까지 흰색 페인트로 마감된 계단벽을 더럽혔다. 나는 상황을 알리느라 소리를 지르고… 현장소장이 뛰어왔다. 추운 계절의 야간에 우리는 옷을 적시면서 바닥에 흥건한 물을 닦고, 물통을 날랐고 계단벽을 닦아냈다. 그만 철수하고 내 돈으로 다른 기술자를 데려와서 현장을 대신 마감하게 하고 싶은 심정이었다.

이때도 나는 전화를 걸었다.
전화를 거는 것은 일종의 매직이다.

어느 타운하우스의 야외테라스 작업이었다. 면적은 넓지 않았으나 커팅기로 잘리지도 않는 12mm 두께 석재타일. 8월의 폭염이었다. 야외 작업이 처음이라서 일기예보를 볼 생각을 못했다. 나와 내 동료는 마치 삼겹살이 구워져서 기름을 흘리듯이, 햇볕에 달궈져 뜨거운 타일 위에 땀을 쏟았다. 그때 우리의 수준은 수작업으로 압착시멘트 믹싱을 하는 형태였다. 우리의 경쟁력은 저렴한 시공비였다.

마지막 날 우리는 비 소식을 직전에 두고 급히 줄눈 마감을 했다. 저녁부터 빗방울이 떨어져 곧바로 비닐을 덮었다. 장마가 지난 후 현장을 다시 찾아가 통통 소리가 나는 타일 몇 장을 재작업했다.

3년이 지났다. 타운하우스의 고객님으로부터 타일 몇 장이 떨어졌다고 연락이 왔다. 그때 나는 전화를 걸지 않았다. 현장을 가서 살펴보았다. 어떻게 해야 할지 알 수 있었다. 원인이 뭔지도 알 수 있었다. 선뜻 재작업 해드리겠다고 하자 고객님이 놀라셨다. 최소한의 자재 비용을 받고 3일 간에 걸쳐 전체를 철거하고 다시 작업해드렸다.

이런 이야기는 너무나 많아서 다 할 수가 없다.

민간인이 군인으로 변하려면 소총을 지급하고 군복만 입힌다고 되지 않는다. 밥 빨리 먹기, 샤워 빨리 하기, 옷 빨리 갈아 입기, 군화 빨리 신기, 특기적성검사, 신체검사, 정신교육, 체력단련, 관물정리, 제식훈련, 총기분해와 조립, PRI, 영점사격, 불침번과 경계, 구급법, 수류탄, 화생방, 각개전투, 완전군장행군…. 시간과 과정이 필요하다.

사무실에서 컴퓨터로만 일하던 사람이 현장직이 되기 위해서도 여러 과정이 필요했다. 혼자 힘으로는 안 된다. 그러나 먼저 길을 가본 사람이 곁에 있으면 나도 갈 수 있다.

"누가 곁에 있느냐?"

이것은 단순하지만 강력한 원리이다. 나는 막다른 골목을 만나면 전화찬스를 썼다. 그 너머에는 태산과 같은 기댈 언덕이 있었다. 전화는 멀리 있는 분을 바로 곁으로 끌어올 수 있는 매직이다. 언제든지 전화 통화만 되고, 또 내가 믿는 분이라면 바로 옆에서 손을 잡고 있는 것이나 마찬가지다.

"그 정도 물량은 아무것도 아니야."
"기술자는 남들이 잘 못하는 일을 해내기 때문에 거만해지기 쉽지만, 그런 경험을 통해 겸손해질 수가 있지."

그런 말씀을 듣고 나면 내가 왜 그 고생을 넘어가야 하는지 객관적으로 이해할 수 있었다. 또 실제로 그 현장의 벽을 넘어갈 수 있었다. 그런 방법으로 나는 첫 번째 좌절 뿐 아니라 여러 번의 위기를 넘어갈 수 있었다. 신축 건물에서부터 콩알만한 작은 현장까지, 한번도 마무리('오사마리') 짓지 않은 현장은 없다. 이것은 매우 중요한 비밀이다.

새로 오픈을 준비하고 있는 식당의 주방 작업을 시작했었다. 사모래 한 차 분량이 바닥 주거미 작업에 들어갔다. 바닥 타일은 200각이었다. 긴 트렌치는 세 군데에 박혀 있었다. 작은 사이즈의 타일을 보고 현장에 있던 목공반장님은 '어이구, 주인은 왜 저렇게 작은 걸 선택했나!' 말했다.

조공이 집으로 돌아간 시각, 나는 저녁에 남아서 바닥 타일을 계속 작업할 작정이었다. 우연하게 선배님으로부터 전화가 걸려왔다. 여기 현장 근처를 지나가고 계셨다. 내가 처한 힘겨운 상황에 대한 이야기가 나왔다.

"도와줄까?"
"네 도와주세요!"

어스름이 깔리기 시작하는 시각, 선배님은 차 핸들을 돌려서 현장으로 정말 오셨다. 주차를 하고, 뒷짐을 지고 쭉 둘러보셨다.

"일이 많구만. 근데 얼추 다 했네!"

그리고는 타일 고대와 고무망치를 집어드셨다. 나는 선배님 것과 내 것, 압착시멘트 두 통을 갰다. 우리는 그날 저녁 두어 시간을 함께 일했다. 도와달라고 말을 하기가 쉬운 일이 아닌데 내가 그렇게 말해서 오셨다고 했다. 너무나 감사했다. 우리는 늦은 저녁을 함께 먹고 현장의 이야기, 타일 이야기를 더 나누었다. 그런 기억은 잘 잊혀지지 않는다. 상가의 주방은 이틀 후 완전히 마무리를 했다.

한번은 인터넷에서 어떤 작업자가 사진 하나를 박아놓고 현장에서 완전히 체력이 방전되어 주저앉아 있다고 올려놓은 포스팅을 봤다. "현장이 어디인가요?" 하고 댓글을 달았다. 나도 그런 도움을 받았던 기억 때문이다.

현장은 냉정하고, 산더미 같은 타일 물량은 두려움을 줄 수도 있지만 멘토와 함께한다면 전부 넘어갈 수 있다. 그래봐야 집 한 채를 다 짓는 것도 아니고 실내 타일 마감이다. 지구인들은 산을 깎아서 건물도 짓고, 도로도 만든다. 사막에 도시를 건설한다. 강을 통과해서 터널을 만들고, 바다 속에서 석유를 캐낸다. 적합한 기술과 장비를 사용하기 때문이다. 유능한 사람들이 지혜와 힘을 모은 결과다.

가파른 계단

현장의 어려움이란 한계가 없는 것 같다. 8월의 폭염에서 야외 테라스 공사를 하고 나자 그전까지 했던 실내 공사가 매우 편하게 느껴졌다. 그러나 그 다음 번에 상당히 큰 실내 공사를 맡았다. 실내 공사도 쉽지 않았다. 꽤 큰 욕실을 작업하고 나자 그전까지 했던 일반적인 욕실이 아주 작게 느껴졌다.

다음 번에는 헤링본 패턴이 들어가고 우드 타일로 바닥을 처리하는 욕실 공사를 맡았다. 일반적인 욕실도 쉽지 않았다.

1톤 남짓의 바닥 주거미를 잡고 나자 욕실 한 칸의 작업은 작게 느껴졌다. 그러나 다음 번에는 벽체 미장에 새롭게 도전했다. 상당한 양이었으며 새로운 일 근육이 생겨났다. 현장은 늘 내 생각을 깼다. 내 마음을 깎아내고 겸손을 가르쳤다.

타일 기술자는 누구나 '깨지는' 시기를 지나가는 것 같다. 운명의 신이란 눈에 보이지 않는 작업반장이다. 현장에 나온 사람에게 일부러 처음에 혹독한 환경을 줘서 이 사람이 버티나 안 버티나를 지켜본다. 그의 마음이 어려움을 넘어가면 보상을 해준 후에 그 다음에는 더 어려운 것을 준다.

운명의 신은 우리가 극복할 수 있는 기회만 보내준다.
그 사람을 키우고 싶어하는 것인지도 모른다.

아침이 되면 나는 분주하고 긴장된 마음으로 일과를 시작하곤 했다. 차를 몰고 현장에 도착한다. 장비를 풀어놓고, 측정을 하고, 레이저를 켜보고, 라인을 긋는 다. 접착제를 믹싱한다. 그라인더 커팅을 한다. 한참을 일하고 얼추 많이 진행했는데, 아련하게 들려오는 시계의 기상 알람! 나는 그제야 새벽잠에서 깬 것이었다.

타일공이 할 줄 아는 작업만 맡는다면 대한민국에는 영원히 수준높은 타일링이 대중화 될 수 없었을 것이다. 내 앞에 닫혀진 문이 보이면, 걸어가서 그 문을 두드렸다. 열리지 않을 것 같아도 손잡이를 만져 보았다. 아침에는 기도하는 심정으로 현장에 들어섰다. 잘될 것을 미리 알고 작업을 시작했다. 누군가 내 손을 가르쳐서 일을 배우게 하는 느낌을 받았다. 이 마음가짐에 대해서는 제 3부 '그런 데, 무엇을 위해 일하지요?'에서 더 자세히 다루고자 한다.

이 챕터에서 나는 몸도 힘들고 마음도 힘들던 몇 가지 경험을 장황하게 이야기 했다. '어깨 너머 독학'의 막연함과 외로움은 지금까지로 족하다. 이 책을 읽는 분들은 굳이 맨 땅에 헤딩하는 형태로 하지 않았으면 한다.

현장 기술직도 체계적인 훈련과 상세한 어드바이스를 받아가며 독립하는 것이 이 시대에 걸맞다고 생각한다. 나중에는 본인의 성장 단계에 맞는 또 새로운 멘토를 만날 것이다. 어떤 사수를 만나야 할까? 소위 말하는 '좋은 분'을 어떻게 알아볼 수 있을까? 다음 챕터에서 자세히 얘기해보자.

▶ 생애 처음으로 핸드그라인더 작업을 했던 사진. 두꺼운 방탄 장갑(?)을 꼈다. 본래는 용접용이다.

그라인더에 석재용 날을 끼워서 홍고벽돌을 커팅했다. 빨간 먼지와 엄청난 소음…. 더 중요한 것은 손목 각도를 약간만 비틀어도 벽돌이 내 손에서 팅겨져 날아갔다.

'이거 대박 위험한 거구나!' 느낄 수 있었다. 그때만 해도 그라인더 커팅을 업으로 하게 될지 몰랐다.

곰씹어 보기 :

1. 시간과 과정이 필요합니다. 혼자서, 또한 단시간에 되지 않습니다.

2. 누가 곁에 있느냐? 이것이 가장 중요합니다.

좋은 멘토와 동료를 알아보는 방법

노력이란 누구나 하는 것이다

예전에 나는 어떤 분야에서 성공하고 말고 하는 것은 오직 나 자신에게 달려 있다고 생각했다. 나의 재능, 부지런함, 노력, 성실…. 그렇지만 세상에 밥벌이를 하는 사람치고 부지런하지 않은 사람이 있겠나. 노력하지 않는 사람이 있겠나. 우리에게 어떠한 재능이 있다고 하자. 그 분야에서 더 뛰어난 사람을 찾는 건 언제나 가능하다.

'무엇을 성공이라 하는지'는 각자의 기준이 다르지만 편의상 타일공으로써 자리를 잡고 자신의 기술력과 월수익에 처음으로 만족하는 수준이라 정리하자. 주목해야 할 사실이 있다.

성공한 사람의 뒤에는 반드시 그를 이끌어준 멘토가 있다.

멘토는 스승이라고도 하고, 현장에서는 사수라고도 불린다. 소프라노 조수미, 축구선수 손흥민, 피겨 금메달리스트 김연아… 그들에게는 공통적으로 훌륭한 부모의 뒷받침과 세계적인 마에스트로, 감독, 코치와의 만남이 있었다. 사람은 혼자서 자라지 않는다.

사람이 혼자서 자라지 않을진대, 자녀가 배운 삶의 지혜와 사랑이 부모님으로부터, 또 그 위의 부모님으로부터, 또 그 위로부터 계속 이어져온 것은 놀라운 형태인 것 같다.

처음의 지혜는 어디에 있었을까?
최초의 지혜, 최초의 사랑이란 어딘가에는 분명 존재했을 것이다.

세상에 아직 없는 제품을 발명하는 이나 우주를 연구하는 과학자가 아니라면, 내가 경험하는 문제는 누군가가 이미 겪어본 문제일 가능성이 높다. 그래서 우리는 경험자를 찾아가 질문한다. 과거의 사례를 찾아본다. 문제 해결을 위한 원리를 뽑아내고, 내 현실에 적용한다. 이 사실을 머리가 아니라 마음으로 체득하는 것이 성공의 열쇠라 할 수 있다.

성과란 내가 무엇을 잘해내느냐가 아니라,
그 길에서 누구를 만나느냐에 달려 있다.

내가 지금 함께하고 있는 사람이 어떤 사람인가? 사기꾼과 같이 일하는 사람이 성공할 수는 없을 것이다. 언젠가는 사기를 당한다. 욕쟁이와 같이 일하는 사람은 아침부터 저녁까지 욕을 들으며 일해야 한다. 같이 있을 사람을 선택하는 건 너무나도 중요하다. 내 곁에 아무도 없다면? 그 사람은 불완전하고도 편협하기 일쑤인 자기 자신하고만 같이 있는 상태라 할 수 있다. 지금 내 곁에 나를 위해 진심으로 '바른 말' 해주는 사람이 있고, 또 그분을 경청하고 있다면 그보다 좋은 일이 없을 것 같다.

이 원칙은 직장 생활에서도 유효하다. 연봉과 복지는 기본적으로 중요하지만 사회 초년생은 어떤 조직에 들어갔을 때에 그 안에서 미래에 되고 싶은 모습의 선배를 찾아야 한다. 5년이나 10년 후에 그와 같이 되고 싶은 롤모델을 찾아야 한다.

그런 비전을 못 찾는다면 거기에 오래 몸 담을 가능성이 낮다고 할 수 있다. 다른 조건이 아쉬운 부분이 있어도 나를 성장시켜 주는 멘토가 거기에 있다면 당분간은 거기서 배워야 한다. 그러면 그 직업은 돈을 많이 버는 것이 아니라 "돈을 잘 버는 직업"으로 변한다. 이 책의 서두에서도 언급했지만 배우면서 버는 것이야말로 돈을 잘 버는 형태이다. 늘 배우는 자세를 가진 사람은 카페 단기 아르바이트를 해도 뭔가를 배우고 끝난다. 심지어 어떤 사람은 카페 아르바이트를 하다가 카페를 통째로 물려받는다. 나는 이런 사실들을 꽤 괜찮은 직장에 다니고 있을 당시에는 잘 몰랐다. 왜 아무도 내게 얘기해주지 않았을까!

아마 들어도 이해할 수 없는 상태였을 것이다.

이 사실을 서른 살에만 알았어도 참 좋았을텐데

결론부터 말하자면, 나를 질책하고 푸쉬하는 상사의 말은 진정으로 새겨들어야 한다. 나를 미워해서가 아니라 '일하는 법을 가르치기 위해서' 야단을 하는 분은 굉장히 좋은 상사이다. 그런 분들의 말씀은 뼛속 깊이 새겨들여야 한다. 이것이 안 되면, 그 사람은 조직에서 오래 못 버틴다. 이것이 되면, 그는 반드시 오래 남고 또 성장할 수 있을 것이다.

내 인생에는 크게 세 분의 보스가 있었다. 공통점은 모두 두뇌가 비상했다. 또한 예측이 불가능했다. 큰 조직들은 아니었기에 나는 직접적으로 업무 지시를 많이 받고 보고도 많이 했다. 명석한 분들이 나에게 신신당부 하시던 어드바이스 세 가지가 있었다.

미리 앞서서 준비해라
커뮤니케이션을 수시로 해라
데드라인은 생명선이다

달리 말해서 "왜 미리 준비 안 했느냐!" "왜 손쓸 수 없는 시점이 되어서야 커뮤니케이션하느냐!" 이렇게 혼이 났다. 이 세 가지를 읽는 분들은 '그거야 상식 아니냐?' 싶으실 것이다. 나는 그만한 상식이 없었다.

옆에서 지켜보는 또래의 동료들은 내 편을 들어주곤 했다.

'아유 또 불려가네. 너무 괴롭힌다.'

나중에 여러 과정을 거쳐서 내 사업을 해보면서 깨달았다. 그때는 과거처럼 조직 안에 숨어서 일할 수가 없었고 내 액션이 수익과 직결돼 있었다. '앞서서 준비해라. 커뮤니케이션을 세밀하게 해라. 일정관리는 생명이다' 이 세 가지는 그냥 지켜주면 좋겠어 수준의 잔소리가 아니었다. 누군가를 고용하느냐, 아니면 해고하느냐를 결정하는 요소였다.

나 뿐만 아니라 나의 파트너, 협력업체, 거래처 전부를 통틀어서 이 세 가지를 하지 않는 사람은 그날 소중한 하루의 시간을 날리게 만드는 사람임을 실제로 겪어보고 알 수가 있었다. 직장인이라면 그 일을 오래 할 것이냐 말 것이냐를 떠나서 우선은 그 회사에 필요한 사람이 되어야 한다. 그렇게 되기까지의 과정에서 필요한 마인드가 있다.

내가 상사의 노예라는 생각을 버려야 된다.

내가 조직으로부터 착취를 당한다는 생각을 바꿔야 된다. 특히 일을 배우는 신입사원은 그러한 사상을 머리 속에 살짝이라도 묻어놓고 있는 동안에는 진심어린 성장이 안 된다. 경험과 연차는 쌓여도 성장은 안 된다.

'나는 노예다, 부속품이다, 상사는 날 부려먹는다' 이런 부정적인 시각은 그 일에 혼을 불어넣지 못하도록 만든다. 그럼 성과가 안 난다. 안 나는 성과를 가지고는 평가 역시 좋지 않다. 그러면 자기탓이 아니라 남탓, 조직 탓, 사회 탓, 헬조선 탓을 하고, 조금 힘든 부분이 있으면 그걸 가지고 불만을 갖는다. 악순환으로 빠진다. 자기만의 비즈니스를 차리기 전까지는 조직에서 일을 배워야 한다. 그것도 아주 잘할 수 있어야 한다.

한 조직이 알바든 계약직이든 정규직이든 한 사람을 뽑았다면, 상사는 그 사람에게 한번 신뢰를 주고 시작했다. 회사는 한 사람에게 투자를 이미 시작했다. 회사는 그에 대하여 이미 리스크를 안았다. (특히 우리나라는 회사 대표가 직원 해고를 마음대로 못 한다. 고용시장이 경직돼 있다. 이런 규제는 많은 사람들에게 더 적은 기회로 돌아간다.)

이미 받은 신뢰에 보답하면 조직과 나는 윈윈할 수 있다.

이 세상의 모든 월급에는 공통점이 있다. 본인이 원하는 것보다 적다! 그 액수는 처음 계약을 할 당시에 내가 합의한 것이다. 혹은 그 전의 직장에서의 성과로부터 파생된 결과다. 더 좋은 대우를 원한다면 현재 시점부터 내 연봉 이상의 가치를 확실히 회사에 벌어주는 사람임을 증명하면 된다. 대우는 시간차를 두고 따라온다. 시간차가 있지만 반드시 따라온다. 적어도 그렇게 해줄 다른 회사(또는 고용주)가 나를 찾아오기 마련이며, 그때 새로운 선택을 하면 된다.

그러므로 우선은 내 한 달 월급 이상의 가치를 회사에 벌어다 줘야 한다. 노예라는 생각 VS 파트너라는 생각, 이것의 작은 차이는 나중에 결과가 어마어마해진다. 아르바이트를 해도 그렇다. 나는 카페 아르바이트라고 믿고 일하면 반드시 아르바이트로 끝난다. 정확히 내가 받는 시급 그만큼만의 일을 하다가 끝난다. 고객에 대한 친절? 제품 관리 개선점? 효율적인 정리정돈 방법? 청소 프로세스를 간소화 하는 방법? 그런 고민을 하는 일은 없을 것이다. 반면 카페의 점장이 되겠다는 생각을 가지고 일하면 실제로 점장이 될 확률이 생겨난다. 그러나 아무나 하는 쉬운 일은 아니다.

"난 시급 얼마짜리 알바야."
"난 월급 얼마짜리 직원이야."

이는 매순간 공기로 와 닿는 엄연한 사실이기 때문이다. 돈을 적게 받는 사람은 자기 에너지를 딱 그만큼만 쓰고 싶은 마음을 갖는다. 벗어나기가 쉽지 않다. 자아에 대한 개념이 통째로 바뀌어야 한다. 현실과 전혀 다른 꿈이 나에게 들어와서, 그것이 믿어져버려야 한다. 신기한 것은 그 시점부터 전에 안 보이던 것들이 보인다. 조직 안에서 개선해야 할 문제, 프로세스를 더 좋게 할 수 있는 아이디어가 보인다.

노예의 마인드에서 주인의 마인드로 바뀌어서 그렇다.
그걸 따라가다 보면 엄청난 일이 일어난다.

내가 본 대부분의 고용주 – 즉 리더는 외로웠다. 리더 혹은 상사는 프로젝트의 목표를 훤히 보고 있고, 직원은 자신의 책임과 업무 범위라는 칸막이 안에서만 생각한다. 상사 입장에서 제일 고마운 사람은 상사가 고민 중인 문제를 같이 생각해주는 사람이 아닐까 한다. 궁금해할까봐 미리 중간 보고를 해주고, 반갑게 인사하고 그런 사람이 아닐까 한다. 그것은 팔로워십을 넘어선 파트너십이다.

리더에게도 책임이 있다. 직원이 꿈을 꿀 수 있게 하는 리더가 되어야 한다. 비전을 심어야 한다. 이것에 실패하는 리더는 목표에 도달하지도 못하고, 유능한 사람들을 잃어버리고 만다. 탁월한 리더는 "열심히 해라. 커뮤니케이션 잘 해라. 마감 시간을 지켜라" 하기 전에 비전을 먼저 심는다.

좋은 기술자의 특징

안타까운 사실이지만 현장 일을 하는 사람 중에 '양아치'와 같은 사람이 있다. 말하자면 기술자라고 내세우면서도 평생을 하루 벌어서 하루 먹고 살아야 하는 사람, 일당제로만 일할 수 밖에 없는 사람이 있다. 좋은 타일 기술자가 되는 것은 시작 단계에서 어떤 사수—멘토를 따라가느냐가 핵심이라 할 수 있다. 그러려면 조공도 현장에서 사람 볼 줄을 알아야 한다.

어떤 방식으로 사람을 보면 될까? '품질을 중시하느냐, 아니냐'를 기준으로 해 보길 권한다.

그의 작업을 직접 보거나 온라인에 올린 포트폴리오를 보면 디테일에 얼마나 신경을 쓰는지, 작업의 품질이 어느 정도인지 느낄 수 있다. 타일 뿐만이 아니다. 현장을 경험하다 보면 도배, 페인트, 목공, 필름, 마루, 싱크, 전기 모든 직종의 기술자들을 만난다. 현장에서 사람을 보면 일하는 모습은 속일 수 없다. 즉, 힘든 일을 하고 있을 때의 모습은 속일 수 없다. 또 자신이 일당을 주는 다른 사람을 어떻게 대하는지를 보면 속일 수 없다. 더 상세히 이야기해보자.

첫번째, 말보다 행동이다.

기술자는 현장에 도착하면 현재의 상황과 목표에 대해 말한다. 혹은 문제점과 그 해결방법을 말한다. 필요한 말 외에는 작업 그 자체에 몰두하고 집중한다. 또 이런 분들은 쉽게 일을 안 한다. 타일링은 특히 쉽게 가려면 품질이 안 나온다. 어느 정도 경지에 있는 분들이라면 전부 어렵게 일을 한다고 볼 수 있다. 구식 장비를 쓴다는 게 아니라 원칙대로 순서에 맞게 한다.

우리는 '밑작업'이라는 말을 늘 한다. 밑작업이란 예컨대 도배사가 종이를 바르기 전에, 퍼티 등으로 면을 미리 잡는 것을 뜻한다. 필름 공정에서 필름을 붙이기 전에 샌딩을 한다든지 퍼티를 한다든지 등을 말한다. 페인팅도 예외가 아니다. 제대로 밑작업을 끝내지 않고서는 페인팅을 하지 않는다.

타일링에서도 밑작업이야말로 가장 처음이고 또 가장 기본이다. 체력소모가 많고 까다롭다. 그러므로 밑작업은 밑작업이 아니라 최고의 작업이다. 밑작업을 대강 하든지 아니면 생략한다든지 하는 사람에게서 좋은 결과물을 기대할 수는 없다. 먼지를 진공청소기로 제거하고, 바탕면을 갈아내고, 미장을 잡고, 스킴코트를 하고, 타일 뒷면을 가득 채워가며 어렵게 일을 하는 분은 대강 붙이는 사람보다 어리석어서 그렇게 하는 것이 아니다. 고통을 즐겨서도 아니다. 고객과 또한 자신을 속이지 않기 위해서다. **이런 사람은 그 누구에게 작업 중간 과정을 보여주더라도 떳떳하다.**

"와 정말 진심으로 아름답네요"
"정말 고맙습니다"

그 말을 듣고 약속한 대금을 지급받으면 기술자는 모든 고생이 씻어진다. 이는 마법과도 같아서 다음, 또 다음에도 그 한 마디를 듣기 위해 고생을 사서 한다. 우리는 그런 마인드를 가진 분을 찾아야 한다. 나도 그런 사람이 되어야 한다.

간혹 손보다 말이 더 발달한 사람이 있다. 품질이 떨어지는 작업을 말로 커버하고 모면하기 위한 언어가 발달해 있는 사람이 있다. 흔히 말에 거품이 있다고 한다.

두번째, 커뮤니케이션이 디테일하다.

좋은 기술자는 전 단계에서 되어야 할 부분, 현재 공정의 특이사항들, 다음 단계에서 신경써야 할 부분, 일정에 대한 요구사항, 주의해야 할 사항에 대해서 상세히 커뮤니케이션한다. 다시 말해서 내 작업 분만 아니라 작업과 관련된 여러 사항에 대해 이해도가 있고, 또 상대방의 입장에서 그것을 짚고 넘어간다.

상세하게 커뮤니케이션 하는 분은 원래 그랬던 것이 아니라 현장에서 시행착오를 그만큼 겪었기 때문이다. 대수롭지 않게 넘긴 의사소통 하나로 많은 고생을 해본 경험 때문이다. 기술자에게는 고생한 경험 데이터가 축적돼 있다. 인테리어 공정에서 어려운 상황을 만드는 건 현장 책임자의 커뮤니케이션이 빠져서 그렇다. 어려운 상황을 반복적으로 만드는 사람이 있다. 과거의 실수로부터 배우지 않거나 개선할 의지가 없기 때문이다.

능숙한 커뮤니케이터는 상대방이 무엇을 원하는지, 또 어떤 문제를 중요하게 여기는지 재빨리 이해한다.

세번째, 자존감이 강하다.

자존감이란 쓸데없는 '곤조'를 뜻하는 것이 아니다. 품질있는 작업을 하려면 정신적으로 육체적으로 힘이 든다. 타일링 장비는 계속 발전하지만, 근본 타일링이라는 작업에서 편하면서 품질이 잘 나오는 경우는 많지 않다. 기술자들은 그걸 어떻게 극복할까?

기술자는 자존감을 높인다. 자존감이 없이는 힘들어서 일을 못한다. 그 자존감의 핵심은 품질이다. 그래서 작업자는 종종 손을 멈추고 내가 한 것을 살펴봐야 한다. 아쉬운 부분이 있으면 바로잡기도 해야 한다. 이것은 일부러 늑장을 부리는 것이 아니다. 타일이 다 굳은 후에 '여기는 심한데요, 고쳐주세요' 수정 요청을 받는 것보다 훨씬 낫다. 해보면 안다.

또 자존감의 일부는 개인 장비다. 기술자는 손때 묻은 개인 장비를 소중하게 여긴다. 말보다 손이 더 발달했다고 해서 현장에서 남의 물건에 쉽게 손대는 성향의 사람이 있다. 말도 없이 쓰다가 들키면 "이거 한번만 쓰면 안될까요?" 하는 사람이 있다. 공정이 공교롭게 겹쳐서 여러 사람들하고 같이 하루를 보내고 나면 오래 쓴 각망치가 영원히 사라지고 없거나, 전동드릴이 다른 곳에 가 있거나 했다. 그런 상황이 가장 질색이다.

한번은 백화점 현장을 갔다. 예상하다시피 백화점 현장은 도떼기 시장이어서, 탁 트인 공간에서 온갖 사람이 지나다닌다. 어떤 분이 가까이 오셔서는 내가 전동 흡착기(그라보 GRABO) 쓰는 걸 보고 계셨다. 그분은 나중에 그걸 손으로 집

▼ 오픈 준비 중이었던 백화점에서. 경기 화성 오산동

어들고는 '어이, 이거 얼마예요?' 물었다. 내 입에서 툭 튀어나온 첫 마디는 "아니 왜 남의 물건을 맘대로 만져요?"였다. 젊은 놈이 까탈스럽고 특이하다 생각했을 것이다. (죄송합니다) 장비는 내 애인이라서 그렇다. 힘든 현장을 겪을 수록 신뢰할 수 있는 장비는 생명과도 같다. 장비 말고는 아무도 내 앞에 있는 작업을 누가 와서 도와주지 않는다.

말보다 품질로 일하는 사람은 좋은 기술자가 될 수 있다.
그 사람은 다름아닌 이 책을 읽고 계신 분일 것이다.

한 사람에게서만 배우지 마세요

타일 현장이 좋은 것 중 하나는, 하루나 며칠 단위의 고용과 해고가 아주 자유롭다는 사실이다. 커뮤니티에 올라오는 조공 구인 글이 있으면 전화 한 통으로 고용될 수 있다. 반장의 말 한 마디로 해고될 수도 있다. 결과적으로 우리는 여러 기술자들을 만나 공법이나 스타일을 교차적으로 경험할 수 있다.

욕실의 젠다이에 벽돌을 쌓을 때 바둑판처럼 일자로 죽 올려 쌓는 작업자가 있었다. 매우 신속하다는 것이 그 이유였다. 나도 따라서 해보았는데, 곧 다른 기술자님이 그것을 보고는 벽돌을 교차로 쌓지 않으면 견고하지 않다고 지적해주셨다. 나는 그에 동의했다. (허물고 다시 쌓았다.)

기술적인 부분이 전부가 아니다.

흔히 말하는 '사람의 그릇'이 있다. 그릇이 작은 선배는 자기의 테두리 안에 타인을 가두려는 습성이 있다. 후배가 다른 곳에 가서 잘해도 "걔는 나한테서 배웠어!" 라고 하거나 그의 진정한 성취를 인정하지 못한다. 타인의 험담을 즐겨 하는 선배를 만나면, 맞장구를 칠 것이 아니라 '이 사람은 다른 사람들을 만나면 내 험담을 하겠군' 하고 예상하면 얼추 맞을 것이다.

일생의 많은 부분을 현장에서 보낸 기술자는 온갖 어려움과 난관을 외롭게 헤쳐 온 경험이 쌓인다. 적절한 마음 관리가 없으면 자신도 모르게 스스로를 세상에 둘도 없는 최고라 만들어버린다. 기술자는 이 지점을 경계해야 한다. 나르시시스트(narcissist)를 피하자. 이런 부류의 사람은 끊임없이 자신의 업적을 자랑하지 않으면 안 되는 마음을 갖고 있다. 칭찬을 받아야 안심한다. 고객이나 같은 업종의 선후배들을 쉽게 적으로 간주한다. 종종 자신에게 온 후배의 인생 계획을 세워주고 싶어한다. 그러면서 '이게 다 너를 위해서' 또는 '내가 너보다 인생 경험이 많으니까'라고 말한다. 대화는 일방적이다. 정신적으로 균형잡힌 멘토가 가장 좋지만 드물다는 것이 문제다.

곱씹어 보기 :

1. 혼자서 큰 사람은 없습니다.

2. 좋은 선배는 일하는 모습을 보면 됩니다.

3. 품질은 기본이며, 정신적으로 균형잡힌 멘토가 가장 좋은 타일링 멘토입니다.

영업을 처음에 어떻게 하나

처음에는 인맥과 커뮤니티

자신의 전화기를 가만히 쳐다보자.

바로 여기로 누군가의 전화가 걸려와야만 한다. 만약 영원히 전화가 걸려오지 않는다면, 나는 영원히 백수이다. 이것은 경력이 오래되어도 똑같다.

방 안에 앉아있는 나에게 누군가 일부러 전화를 걸지는 않는다. 바깥으로 나가야 한다. 자신을 알려야 한다. 그러기 위해서 먼저 필요한 것은 내 작업 결과물이다. 조공으로 일하며 오로지 뒷정리만을 했다면? 말끔히 뒷정리한 모습을 사진 찍어두자. 핸드그라인더로 어려운 커팅을 해냈다면 사진을 찍어놓자. 종일 자재 곰방 양중을 했다면 가지런히 양중이 끝난 모습과 자재 물량을 사진 찍어두자. 베란다나 주방을 붙일 기회를 얻었다면 그 사진을 꼭 남겨두자.

나는 기술자로 독립을 할 때에, 인테리어 작업자 커뮤니티에 내가 작업한 욕실 사진을 올렸다. 누적 방문자수 10명인 블로그에도 사진을 올려놓고는 새로운 신분이 시작되었다는 뭔지 모를 기분이 들었다.

▲ 타일 전시장을 찾아가서 명함을 건네자. 서울 서초구 논현동

그날 오후부터 전화가 오기 시작했다. 작은 평수의 미용실 바닥 타일링이 가능한지 물어왔다. 원룸의 조그만 욕실 덧방 작업을 하고, 또 도기설치를 할 수 있는지, 비용은 얼마인지 물어왔다. 왠만한 전화를 받으면, 인테리어 업체든 직영공사를 하시려는 고객님이든 현장에 직접 갔다. 고객님을 만나보고 이야기를 들었다. 일을 결국 안 맡더라도 현장에 가고 견적을 내면 배우는 것이 있었다. 전화를 거는 분들은 나를 "사장님"이라 불렀다. 판단을 내리고 책임지는 사람이라는 뜻이다. 전화는 언제 올지 모른다. 전화는 늘 새롭고 또 항상 다르다. 똑같은 전화는 단 한번도 걸려오지 않는다.

우리에게 제일 중요한 자산은 뭐니뭐니해도 사진이다. 작업한 사진을 포털사이트 타일 구직/구인밴드 혹은 인테리어 기술자 커뮤니티에 올리면 구직할 수 있다. 새로운 현장에 나가서 일할 기회를 얻는다. 그 일을 잘 해내면 다시 새로운 사진이 생긴다. 사진은 다시 온라인 커뮤니티에 올려서 홍보로 활용할 수 있다. 또 SNS나 블로그를 만들고 꾸준히 운영해서 자신을 알릴 수 있다.

한 달은 30일이다. 처음에 그 시간은 대부분 팀 전체 일정에 의해 채워진다. 혹은 자신을 홀로 서게 해준 예전 인맥으로부터 채워진다. 여기에서 앞서 언급한 SNS나 블로그를 통해 브랜딩을 하면, 차츰차츰 독립된 개인 브랜드가 될 수 있다.

"독립된 개인"이란 기술직의 코어(핵심)가 되는 속성이다. 브랜딩을 미리 준비할 필요가 있다. 간단한 글쓰기와 사진, 블로그 등이 필요하다. 기술자에게 있어 글쓰는 능력이란 거창한 것이 아니라, 이러이러한 조건과 요구에 따라 이러한 결과물을 만들어냈다는 사실을 서술하는 것이다.

상호를 뭐라고 할까?

'악어타일' 이름을 어떻게 지었느냐고 묻는 분들이 너무나도 많아서 이야기를 꼭 써야겠다. 나는 직장을 다닐 때부터 악어였다. 나의 배우자는 악어새였다. 우리는 공생관계이고 또 악어란 한번 물면 놓지 않는다는 우스갯소리로 악어와 악어새였다. 나는 통장에 월급을 받으면 "악어의 월급" "악어의 노고" "악어의 고생" 등의 생색을 내며 아내에게 송금했다. 재미있어서 그렇게 했다. 그러다가 처음으로 타일을 해서 돈을 벌었고 무심코 "악어타일"이라고 송금했다.

나중에 우리 상호를 최종적으로 뭐라고 정해야 했을 때 "악어타일"이 마음에 들었다. 그것으로 정했다. 상호는 처음부터 필요하지 않을 수도 있지만 나중에라도 만들려면 기억하기 쉽고 부르기 쉽고, 또 비슷한 것이 없는 것으로 정하면 된다.

온라인 플랫폼의 활용

많은 잠재 고객들이 인스타그램 계정을 갖고 있는데, 이분들은 인스타그램에서 좋은 작업자를 찾기 위해, 또 인테리어 정보를 얻기 위해 "검색"한다. 인스타그램은 긴 포맷이 아니다. 사진 또는 짧은 영상이어서 부담이 없다.

블로그는 현장의 상황과 시공방식을 상세히, 내가 원하는 만큼 설명할 수 있는 매체다. 또 중요한 것은 국내 유력한 검색 포털에 노출된다. 내용이 충실한 블로그는 홈페이지 부럽지 않다. 사진을 모으고 주절주절 쓰는 데 재미를 느끼는 사람이라면 블로그를 권한다. 블로그 포스트는 자기 칭찬으로 채우지 말고 정보를 담아서 유익하게 만들자. 그러면 많은 잠재 고객이 찾는 블로그가 될 수 있다.

유튜브는 그 가능성이 무궁무진한 만큼 쉽지만은 않다. 무엇을 찍을 것인지 기획하고, 촬영하고, 편집하고, 제목을 달아야 한다. 현장 기술자에게 유튜브는 본업은 될 수 없다. 그러나 열정이 넘친다면 도전해보자. 단 영상을 올리는 일이 본인에게 재미있고 즐거워야 한다.

인스타그램, 틱톡, 유튜브, 페이스북 이외에도 새로운 것들이 자꾸 생겨나겠지만 공통된 주의사항이 있다. 이 거대한 플랫폼의 목적은 "많은 사람들이 오랫동안 그곳에 머무는 것"이다. 그래서 이들의 알고리즘은 소비자가 좋아할 만한 콘텐츠를 끊임없이 추천한다. **알고리즘은 냉정하다. 사용자에게 그것이 유익한 것인지 교육적인 것인지는 판단하지 않는다.** 소비자가 특정한 콘텐츠에 오래 머물렀다면 비슷한 것을 찾아서 계속 보여준다.

온라인 플랫폼은 무료인 것처럼 보이지만 실은 시간을 대가로 지급받는다. 여기에 집어 삼켜지면 사람은 많은 시간과 정신 에너지를 소모한다. 자신의 인생의 작은 자투리 시간들을 전부 인스타그램, 틱톡, 유튜브 쇼츠에 집어넣는다.

콘텐츠 제작자도 사정은 마찬가지다. 플랫폼은 '광고를 만들어서 더 많이 알리세요' 하고 자꾸 권한다. 조회수, 좋아요 갯수와 같은 실적을 보여준다. 크리에이터가 계속 새로운 것을 만들어야 플랫폼을 살찌울 수 있기 때문이다. 이에 중독되면 노예가 된다. 틈만 나면 열어서 봐야 하고, 그 숫자에 의해 기분이 왔다 갔다 한다. 온라인 콘텐츠 플랫폼을 개발하는 이들은 게임 소프트웨어를 개발하거나 블록버스터 영화를 제작하는 이들과 마찬가지로 사람의 뇌의 습성을 연구한다. 온라인 플랫폼의 양면성을 잘 이해해서 장점을 최대한 활용하자. 플랫폼만 배불려주는 건전지가 되지는 말자.

명함을 만들까, 말까?

명함이라는 종이 한 장이 갖는 힘은 여전히 유효하다. 특히 공구상, 인테리어 업체, 혹은 현장에 가서 내려놓은 명함은 누군가 일부러 구겨서 쓰레기통에 넣지 않는 한 없어지지도 않고 언제나 거기에서 나를 홍보해준다. 온라인이 아닌 오프라인에서, 관련 분야 사람들이 모여드는 특정 거점에서 인맥을 만들고자 할 때 명함 없이 빈 손으로 가지 말자. 또 고객님을 처음 만나거나, 마감을 하고 나올 때에 명함을 드리자.

영업을 가장 잘 하는 방법

영업을 가장 잘 하는 방법이라면, 사실 책을 주의깊게 읽어오신 분이라면 눈치 채셨을 것이다. 명함을 내가 일부러 주지 않아도 상대방이 '명함 한 장 주세요, 연락처 알려주세요' 부탁하게 하는 것이 영업을 제일 잘 하는 것이다. 그 비밀은 단순하다.

고객보다 마감에 대한 기준이 높은 사람이 되면 된다.

타일, 목공, 필름, 도배… 모든 마감 분야를 통틀어 인테리어 현장에서 어려운 것이 하자를 처리하는 일이다. 타일을 하는 사람 역시 자신의 기준이 소비자의 기준보다 낮은 수준에 머물러 있는 동안에는 끊임없이 하자를 처리하는 생활을 해야 한다. 접착제를 잘못 쓰거나 바탕면 준비를 제대로 하지 않은 기술적인 하자를 뜻하는 것이 아니다. 타일링의 낮은 품질이란 줄눈 라인이 균일하지 않고, 단차가 심하고, 선과 선이 만나는 부분이 엄밀하지 않고, 직각이어야 하는 부분이 직각이 아닌 경우이다. 줄눈을 닦아낸 것이 예쁘지 않고, 실리콘 마무리가 깔끔하지 않은 경우다. 심각한 것은 욕실이나 베란다 바닥에 역구배가 져서 물이 고이는 것이다.

이미 해놓은 타일을 뜯어고치기란 얼마나 어려운가?

한 번 그것을 고쳐보면, '다시는 하지 말아야 하는 작업이구나!' 하는 것을 절절히 깨닫는다. 마감에 대한 기준이 높아진다. 고객의 눈보다 품질 기준이 높은 사람, 인테리어 업체의 눈보다 마감 기준이 높은 사람에 도달하면 일 따내는 것은 편안하다.

나의 입장에서는 그저 '이렇게 되어야 한다'는 기준을 가지고 또 필요한 사항에 대해 명확한 요청을 하고 작업을 해놓기만 하면 된다. 블로그에 올린 사진이 홍보해주고, 현장에서 만난 인테리어 업체가 또 찾아주고 기억해준다. 소비자는 입소문을 내주신다.

곰씹어 보기 :

1. 좋은 사진을 남기세요. 단, 볼 만한 사진이어야 합니다.

2. 온라인 채널은 강력한 홍보 수단이지만 너무 깊이 들어가면 익사합니다.

기술을 가장 빠르게 향상시키는 방법

사람을 잘못 부른 대가

그날은 어느 신축 상가의 넓은 주방 작업이었다. 첫째날 모든 벽체에 하얗고 밋밋한 벽타일을 먼저 붙였다. 그 다음은 긴 트렌치가 고정된 바닥에 사모래(시멘트 몰탈)을 혼합하여 뿌리고 다지는 작업이었다. 깊이가 상당했다. 트럭은 반차 분량의 모래를 쏟아붓고는 가버렸다.

나는 이날의 사모래 작업을 위해서 인터넷 카페를 통해 조공 한 사람을 불렀다. 그분은 아침 8시에 와서 온종일 나와 함께 타일본드를 벽에 바르고, 타일을 옮겨주었다. 점심을 같이 먹었다. 조공은 당시의 나보다 나이가 약간 많았다. 그러니까 삼십 중후반. 그렇지만 직장을 다녀본 적이 없다고 했다. 속으로 아차 싶었다.

오후부터는 부지런히 삽질을 했다. 모래와 시멘트를 섞어서 바닥에 뿌렸다. 그날은 약간 늦더라도 일정상 바닥 물매잡는 것까지 끝내야 했다. 나는 조공에게 일당을 더 주고 같이 작업할 생각이었다. 그러나 오후 다섯시 땡~ 하자 조공은 장갑을 벗었다. 일당을 현금으로 달라고 했다. 내 주머니에 현금이 없어서 계좌로 보내겠다고 했으나, 자신은 저녁 모임에 가서 써야 한다며 현금을 요구했다. 그리고 일당에서 빼도 상관없으니 담배도 한 갑 사줄 수 있느냐고 나에게 물었다. 나는 일당 플러스 담배 한 갑을 더 사줄 수 있다고 대답했다. 급히 현금을 구해서 그에게 건네주었다.

그날 나의 실수는 기술자가 목표가 아닌 조공을 구한 것이다. 또한 일정에 여유를 두지 않은 것이다. 덕분에 홀로 야간까지 작업해야 했다. 몸도 힘들었지만 마음 한켠에 안타까웠다. 앞날이 창창한 사람은 이리저리 날일만 다녀선 안 된다. 조공의 목표는 기술자가 되는 것이다. 목표가 있는 사람은 어제의 나와 오늘의 내가 똑같아서는 안된다. 아무리 작은 현장이라도 거기에 기공 한 사람이 있다면, 타일 조공은 그로부터 배워야 한다. 눈으로 보면서도 배우려 하지 않는 사람은 절실함이 없기 때문이 아닐까 한다. 타고난 부자라거나, 아니면 취미로 하고 있거나….

결핍이 주는 동력

사람이 발전함에 있어서 무엇이 가장 중요한 연료일까? 이는 따로 책 한 권을 만들 수 있을 만큼의 주제이지만 간결하게 얘기해보고자 한다. 새해가 되면 우리는 새로운 결심을 하고, 그것이 내 안에서 흐지부지 되어가는 과정도 지켜본다. 어떤 사람은 타고난 집안, 타고난 조건을 뛰어넘어서 하늘로 날아오른다. 반면 어떤 사람은 적절한 조건과 성과 안에서 안주하면서 십 년, 이십 년이 지나도 똑같은 삶을 산다. 뭐가 다를까?

어떤 사람은 흙수저를 갖고 태어났으면서도 큰 부자가 된다. 또 어떤 사람은 흙수저이기 때문에 사회 구조를 탓하고 부모를 탓하며 일생을 살아간다. 어떤 사람은 금수저를 타고 나서 그것을 더욱 발전시켜 다이아몬드 수저를 만들고, 또 어떤 사람은 금수저를 탕진한다.

사람은 자신에게 주어진 유무형의 결핍을 통해 성장하는 것 같다. 첫째, 결핍이 마음 속에 사무치게 먼저 다가오고 − 외형적인 재산과 무관하다 − 둘째로 어떤 계기를 통해 그것을 바꾸겠다고 마음을 결정하는 것이다.

'가난에서 벗어나고 싶다'
'건강하게 살고 싶다'
'좋은 집에서 살고 싶다'
'내가 좋아하고, 잘할 수 있는 일을 찾고 싶다'
'평생 함께 할 수 있는 배우자를 만나고 싶다'

우리에게는 이러한 소원, 목표의식이 생겨난다. 돈을 벌고 싶어하는 이유는, 지금 돈이 없어서 그렇다. 즉 어떻게 하면 돈을 벌지? 목표를 갖고 그에 대해 생각하는 근본적인 동력은, 현재 돈에 대한 결핍이다. 다른 일을 하고 싶다고 느끼고 구체적으로 고민하고 찾게 만드는 동력은, 현재 하고 있는 일에 대한 불만족이다. 외롭기 때문에, 친구나 연인을 찾는다.

성경에도 '네가 땅에서 무엇이든지 매면 하늘에서도 매일 것이요 네가 땅에서 무엇이든지 풀면 하늘에서도 풀리리라'는 구절이 있다. 땅에 발을 붙이고 있는 사람에게 주어진 하늘의 선물이란, 그 마음 속에서 무엇이든지 매거나 풀거나 할 수 있는 선택권 아닌가? 그렇다면 기술자가 되려는 사람은 정신 속에서 먼저 결정을 내려야 한다. 그러면 기술자가 될 수 있다. 부자가 되려는 사람은 마음 속에서 먼저 그러한 결정을 내려야 한다. 그러면 부자가 될 수 있다.

사람은 각자의 인생에서 이런 저런 결핍이 주어지기 때문에, 비로소 꿈을 갖기 시작한다고 여겨진다. 특히 인생에서 결정적인 결핍을 만나면 그 사람은 정체성이 바뀔 만큼 삶을 바꾼다. 건강에 적신호가 온 사람은 식단을 확 바꾸고 운동을 시작한다. 흔히 말하는 '의지력'보다는 뭔가 다른 정신의 영역이다. 오히려 신념이나 믿음에 가깝다. 결핍에서 오는 에너지다. 모자람에서 오는 절박함이다.

사람이 마감 시간에 이르면 종종 초인적인 성과를 내듯이, 인생이 결핍의 형태를 띠고 있는 그 순간에서 개인의 신념이 굳어진다. 꿈을 향하는 눈이 뜨인다. 그것을 나는 '인생의 마감'이라 부른다.

결핍과 성장에 대해서 이렇듯 장황하게 쓴 이유는, 조공이 기술을 가장 빨리 배우는 방법과 관련돼 있기 때문이다. 오히려 좀 알 것 같다고 느끼면서 발전이 정체되는 때는 어설프게 타일링을 배웠을 그 시점이다. 처음으로 다른 사람의 도움없이 욕실 한 칸을 다 하고, 복잡한 모자이크 타일을 붙이고, 멋진 사진을 남기고 나면 마음의 위치가 올라가기 시작한다. 남이 아무런 객관적인 판단을 내려주지 않아도, 계단을 올라가듯이 스스로 자신의 값어치를 올리는 것이다. 나는 처음 인테리어 기술자 카페에 내가 작업한 욕실 사진을 올린 직후부터 기술자라는 착각이 들었다. 작업 벨트를 매본 직후부터 그런 착각이 들었다. 착각은 그 후 어려운 공사들을 만나면서 무참히 박살이 났다.

▼ 타일을 '약간' 배운 시점에는 자신감이 하늘을 찌르게 마련이다.

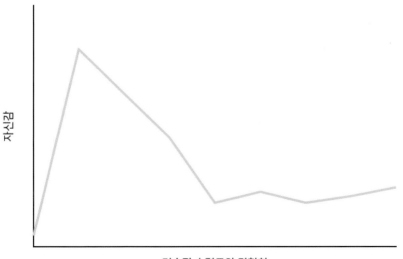

기술적 숙련도와 경험치

조공이라도 개인 차이는 천차만별이다

경험 많은 반장은 조공을 슥 봐도 나중에 어떤 사람이 될지 짐작할 수 있다. 일하는 모습은 속일 수 없다. 개인의 차이는 천차만별이다.

상황에 맞는 타일 접착제의 점도를 정확히 아는 사람이 있고 모르는 사람이 있다. 어디에 어떤 방식으로 타일을 갖다놓는지 아는 사람이 있고 모르는 사람이 있다. 타일 커팅이 정확하고 능숙한 사람이 있고, 정확하지 않아서 두 번, 세 번을 되풀이 해야 하는 사람이 있다. 혹은 커터기에 익숙하지 않아서 커팅면을 보기 흉하게 만든다. 바닥에 흘린 타일 접착제를 바로 닦는 사람이 있고 그것을 밟고 다니면서 온 바닥에 묻히는 사람이 있다. (내 이야기다.)

▼ 타일 뒷면의 백버터링(back buttering). 타일 고대(tile trowel)는 듀라소프트 핸들이 적용된 마샬타운 제품. 상황에 따라 3mm 를 적용했다.

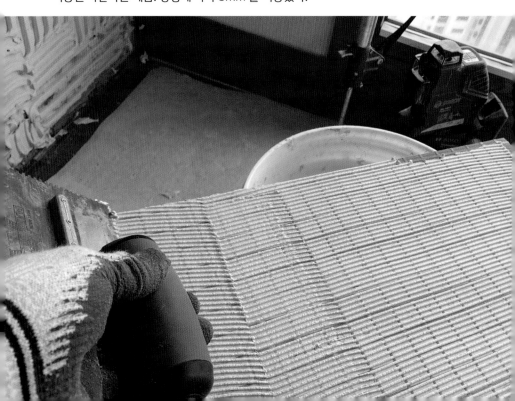

보조자로서 발전하면 핸드그라인더로 복잡한 커팅을 해온다든지, 타일 원장을 붙이고 남은 사이드 부분('함빠')을 말끔하게 처리한다든지, 줄눈 마무리를 다시는 손댈 필요 없을 만큼 깨끗하게 한다든지 등이다.

여기에서 다시 발전하면 작업 순서를 어디서부터 어떻게 하는 것이 효율적인지 이해할 수 있다. 또 어려운 부분을 해결할 수 있는 방법을 알고 있다. 조공과 준기공, 다시 준기공과 기공의 기술적 거리는 그리 멀지 않다고 생각한다. 차이를 만드는 것은 문제를 해결해 본 경험치와 마음의 자세다.

조공으로 현장에 나갈 때에, 가슴 속에 수첩을 하나 갖고 나가야 한다. 기록해야 한다. 몸이 힘들면 그런 고통을 에너지 삼아 몸이 나 대신 기록해주기도 하지만 그것만으로는 부족하다. 의식적으로 눈여겨보아야 한다. 현장에서는 사람들이 움직이는 것, 작업 순서가 어떻게 되는지 다 보이고 다양한 상황에서 문제를 어떻게 대응하는지 배울 수 있다. 그 문제를 해결하기 위한 기술자들의 대화를 유심히 들어볼 수 있다. 다양한 인연을 만나서 전화번호를 받을 수 있다.

집에 돌아가려고 차 시동을 켜기 전에 스마트폰을 열고 그날 기억나는 특이사항을 기록에 남기자. 집에 돌아왔을 때에는 현장의 아침부터 저녁까지를 복기해보자. 오늘 어떤 문제점이 있었다. 다음 번에는 어떻게 그것을 해결할까? 지난 번부터 있어온 문제점을 오늘 어떻게 해결을 시도했으며 결과가 어땠는가?

이 작은 습관의 차이가 A급을 만든다.

이것을 알면 누구나 A급이 될 수 있다. 이 작은 원칙은 경제적인 가치를 측정할 수 없을만큼, 구르고 구르면 큰 눈덩이가 된다.

평생 갈 기술은 사실 높은 값을 지불하고 배워야 하는데, 우리는 장갑 한 켤레만 가지고 현장에 나가면 점심과 일당을 제공받으면서 배울 수 있다. 어떤 사람들은 이 점을 잘 모른다. 본인이 하는 일이 하찮고 육체가 힘든 것만을 생각한다. 그래서 오후 다섯시 땡 하면 집에 갈 생각만을 한다.

많은 타일 반장들은 조공 구인을 할 때에 3개월 이상 경험이 있는 사람을 원한다. 다시 말해서 "3개월 이상 견뎌낸" 경력을 원한다. 일당이 쎄다던데 타일이나 해볼까? 하는 생각으로 현장에 시험삼아 하루 와보고는 이건 아니야, 그만두겠어 하는 사람을 피하고 싶어서다. 그런 사람을 가르쳐봤자 시간낭비다.

곱씹어 보기 :

1. 조공의 목표는 하루 벌이가 아닙니다. 기술자가 되는 것입니다.

2. 현장의 매일매일을 복기해봅시다. 습관으로 만듭시다.

고급 인테리어 타일링을 위한 커리큘럼

나는 기술을 처음 배우려던 시절, 타일공을 참 만나고 싶었다. 그냥 얼굴을 보겠다는 게 아니라 마치 어릴 적 아버지가 두발 자전거를 어떻게 타는지 알려주듯이, 현장에서 가르침을 받고 싶었다.

그러나 쉽지 않았다. 신축 현장에서 기술자들은 분초를 다투며 작업에 여념이 없고, 인테리어 현장에서도 크게 다르지 않았다. 타일공은 시간이 돈이다. 대부분 조공은 기공의 시간을 줄여주기 위해 뒷일을 맡는다. 뒷일만 하면서 어느 세월에 타일을 만져보나! 오늘날에는 좋은 타일학원도 많지만 '어깨너머 독학'의 한계를 느끼던 나 자신을 생각하면 촘촘하고 친절한 커리큘럼이 아쉽다.

타일 국가자격증 시험은 몰탈 떠붙임 공법에 집중하고 있기 때문에 (건축 공사 표준시방서도 마찬가지로 시장을 따라잡지 못하고 있다) 타일 학원의 자격증 과정 역시 그에 충실하다. 한편 한국 인테리어 현장은 많은 것이 달라졌다. 대형 포세린타일, 박판타일, 고성능 타일접착제, 마이터(졸리) 가공, 에폭시 줄눈, 마이터 코너의 레진 마감, 타일 욕조, 타일 세면대, 타일 선반, 바닥 균열에 대비한 익스텐션 조인트 설치, 디커플링 매트 사용… 또 그런 일을 가능하게 해주는 타일 공구와 재료들이 있다.

국가자격증은 이러한 상황을 앞으로 차차 반영하게 될 것이다. 인테리어 현장의 수요에 맞춘 가이드라인을 다음과 같이 제안해본다.

챕터 1.

타일의 종류와 특성

바탕면의 종류와 특성

접착제의 종류와 특성

바탕면 청소와 정리의 기본 원칙

코너 모서리, 가구, 벽지의 보양 방법

보호장구의 사용법 : 귀마개, 방진마스크, 안전화, 무릎보호대, 보안경

욕실과 주방 배관에 대한 이해와 주의사항

콘센트, 전선에 대한 이해와 주의사항

프라이머 도포방법

실내 현장에서 타일을 준비하고 옮기는 방법

챕터 2.

믹싱드릴의 특성과 사용방법

접착제 믹싱 방법

수동커팅기의 특성과 사용방법

핸드그라인더의 사용법과 안전커버의 중요성

핸드그라인더 : ㄱ자 재단

핸드그라인더 : 플런지 커팅

핸드그라인더 : 곡선과 원형 커팅

홀쏘를 이용한 가공 방법

평컵을 이용한 바탕면 샌딩 방법

연마패드를 이용한 코너 가공 방법

챕터 1과 2를 마치면 현장에서 조공으로 더욱 발전된 역할을 할 수 있을 것이다. 핸드그라인더 숙달에는 시간이 걸린다. 어려운 가공을 안전한 방법으로 잘 해내기까지도 시간이 걸린다.

챕터 3.

톱니 고대(tile trowel)를 이용한 접착제 도포 방법

타일 백버터링의 필요성과 요령

타일스페이서 사용 요령

줄자를 이용한 측정과 마킹 요령

타일 레이아웃 정하는 방법

수평대와 레이저 사용방법

타일 커버리지의 이해와 측정 방법

바닥 타일링

배수 유가 자리를 위한 타일 재단과 유가 설치

벽체 타일링

타일 모서리 마이터(졸리) 가공

바탕면 평활도에 따른 접착제의 조절과 단차 수정 방법

평탄클립의 활용방법

욕실방수 방법과 적합한 자재의 선택

바닥 미장(물매) 잡는 방법

욕실리모델링 프로세스 - 시공사례를 중심으로

포세린타일링 프로세스 - 시공사례를 중심으로

악어타일은 이러한 가이드라인에 따른 기술교육을 진행한다.

인스타그램(@julientiler) 또는 악어타일 블로그를 통하여 상담을 받고 있다.

현장실습 :
타일링 클래스 101

바탕면 준비

'어떤 것이 적합한 바탕면인가' 또 '어떤 것이 최적의 접착제인가'에 대한 판단
이 이미 완료된 상태를 가정한다. 바탕면 준비는 보드를 대어서 바탕면을 만들
거나, 몰탈 미장을 하거나, 또는 이미 존재하는 바탕면 표면에 먼지나 튀어나온
못 등을 정리하는 단계이다. 콘센트, 스위치, 조명 등의 전기 설비 혹은 배관에
연결된 수도꼭지, 샤워기, 앵글밸브 등은 타일링 작업이 가능하도록 이 단계에
서 미리 분리해둔다. 도배지 혹은 필름 역시 제거한다. 페인트는 샌딩해서 페인
트를 제거해야 한다.

물을 흡수하지 않고(비흡수면) 표면이 매끈한 타일 위에 시멘트 계열의 접착제
를 쓴다면 바탕면 표면을 샌딩해야 한다. 흔히 핸드그라인더에 평컵을 장착한
후 갈아낸다. 집진기 커버를 붙이면 먼지 발생을 최소화 할 수 있다.

바탕면을 더욱 강화하기 위해서는 스킴코트(skim coat)를 진행한다. 타일링에
서 스킴코트는 접착제를 해당 면에 긁으면서 얇게 입히는 것이다. 예를 들어 드
라이픽스로 스킴코트한 벽면은 드라이픽스 접착제를 최적의 조건으로 받아들

인다. 또한 흡수면 프라이머, 혹은 비흡수면 프라이머를 사용하면 접착력을 강화하는데 도움이 된다.

레이아웃 결정과 기준선 잡기

벽체나 바닥의 사이즈를 잰다. 또 타일의 사이즈를 잰다. 이 방법으로 원하는 곳에서 타일 시공을 출발했을 때 맨 끝에서 타일 커팅이 얼마나 되는지를 알 수 있다. 시각적인 균형을 위해 맨 끝에 작은 커팅이 들어가지 않도록 한다. 공간의 중앙을 기준으로 잡으면 양쪽 커팅된 사이즈가 동일해진다.

▼ 덧방 시공을 위해 기존 타일 바닥을 갈아낸 후 스킴코트를 진행하는 모습.
   호주 퀸즐랜드주 채플 힐Chapel Hill의 주택

― 국토교통부의 건축공사 표준시방서 '타일시공'(KCS 41 48 01, 국토교통부고시 제2022-571호, 이하 건축표준시방서)편에 명시된 기준을 옮긴다.

"벽체는 중앙에서 양쪽으로 타일 나누기를 하여 타일 나누기가 최적의 상태가 될 수 있도록 조절한다." (3.1 타일 붙이기 일반사항 편)

원하는 레이아웃을 정했다면 기준선을 그린다. 흔히 레이저 레벨기의 도움을 받아서 기준을 정한 뒤, 최종적으로 먹줄(chalk line)을 써서 기준선을 확정한다. 작은 벽체 작업이라면 먹줄을 긋는 수고 없이 계속 레벨기를 켜놓기도 한다. 레이저레벨기는 배터리를 소모하고, 실수로 레벨기를 건드리면 라인이 움직이는 단점이 있다.

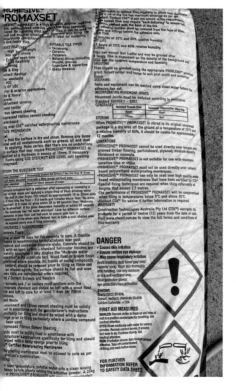

레이아웃을 정했으면 타일 시공은 완료된 것과 같다. 처음 그린 기준선에 맞게 타일링이 정확히 진행되어야 하며 도중에 종종 확인한다. 시작 지점에서 각도가 틀어지면 (타일이 돌아가면) 바탕면 맨 끝에 놓이는 타일의 위치가 레이아웃과 현저하게 달라진다.

◀ 타일 접착제에는 성능 등급과 사용법(물의 양, 믹싱 요령, 사용 온도, 양생 기간 등)이 상세히 쓰여있다. 라면 끓이는 방법은 라면 봉지에 쓰여있는 것이 제일 정확하고, 타일 시공법의 설명은 접착제 패키지에 쓰여 있거나 제조사 웹사이트에서 제공하는 것이 제일 정확하다.

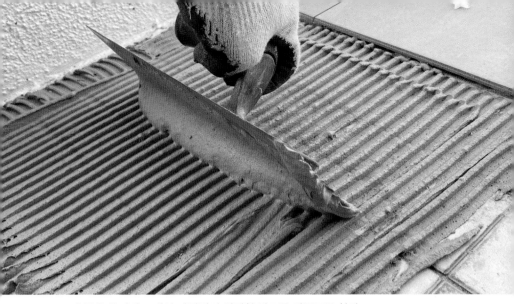

▲ 손목을 들어서 고대와 바탕면이 일정한 각도를 이루도록 한다.

접착제의 준비

시멘트 기반의 타일 접착제는 물과 믹싱하면 화학작용을 일으켜 경화, 양생되는 원리로 쓰인다. 접착제 제조사의 매뉴얼을 기준으로 적정한 양의 물을 통에 붓고, 그 위에 접착제를 붓는다. 이때 물과 접촉하지 않은 접착제가 바닥에 깔리는 현상을 막기 위해, 물을 접착제보다 먼저 통에 붓는다. 교반은 믹싱드릴을 사용하여 덩어리가 없어질 때까지 충분한 시간을 들여 진행한다. 대부분의 접착제 제품은 물과 1회 교반한 후 3분 정도의 숙성 시간이 필요하다. 이후 다시 교반하여 준비를 끝낸다. 가사시간(pot life, 사용가능한 시간)은 접착제 매뉴얼을 참고한다. 타일 접착제는 그 먼지를 들이마시거나 피부에 닿으면 해롭다.

— 건축공사표준시방서에서 제시한 떠붙임 공법을 위한 몰탈 표준 배합비는 시멘트:모래 = 1:3~4 이다. 용적비 즉 부피의 비율이다. 벽체 시공에 해당한다.

타일 시공

타일 시공은 바탕면과 가능한 밀착되는 것이 기본 목표다. 접착제는 얇게 적용할수록, 또 타일 뒷면에 묻는 커버리지가 100%에 가까울수록 제 성능을 발휘한다. 접착제가 타일 뒷면에 묻는 면적은 80%를 넘어야 한다.
(－국토교통부는 2020년, 하자심사분쟁조정위원회가 공동주택의 하자여부 판정에 사용하는 '공동주택 하자의 조사, 보수비용 산정 및 하자판정기준' 개정안을 냈으며 현재 시행 중이다. 타일은 기존에 하자 판정 기준이 있었지만, 개정안을 통해 접착 면적 미달로 인한 하자 판정이 추가되었다. 즉 떠붙임 공법의 경우 몰탈 채움이 80% 미만이거나, 기타 접착제의 경우 표준사용량으로부터 환산된 접착 면적에 미달하는 경우 시공 상의 하자로 판단한다.)

타일 크기와 두께, 또 바탕면의 평활도에 적합하도록 적절한 두께의 타일 고대(tile trowel)를 선택한다. 톱니 형태로 된 타일 고대는 접착제를 균일한 두께로

▼ 타일 뒷면의 백버터링 (back buttering)

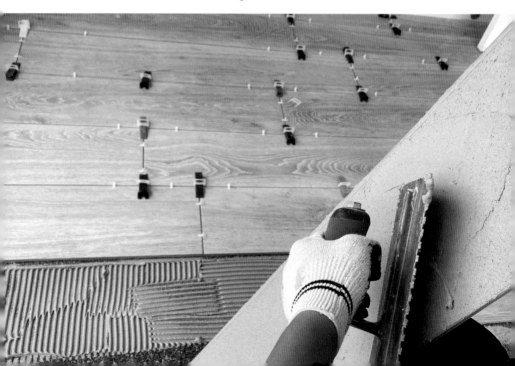

▲ 타일 뒷면의 커버리지(coverage) 확인. 접착제 골이 다 함몰되고 바탕면과
  '압착'되면 타일의 정석 시공이다.

바르기 위해 만들어졌다. 톱니 반대편을 쓰면 스킴코트를 할 때 접착제를 얇게
펼 수 있다. 고대를 쥔 손목을 들어서 고대와 바탕면이 일정한 각도를 이루도록
한다. 45도나 더 큰 각도로, 시작부터 끝까지 일정해야 한다. 접착제는 한 방향
으로 바르는 것이 기본이다. 한 방향으로 바르면, 타일을 비벼서 눌렀을 때 공기
가 쉽게 빠져나가서 밀착된 상태에 도달한다.

타일의 뒷면에도 접착제를 바르는 것이 원칙이다. 백버터링(back buttering)이
라 한다. 뒷면을 타일 고대 반듯한 면으로 긁어서 얇게 스킴코트 한다. 도포된 접
착제 위에 타일을 올려놓는다. 타일을 전후좌우로 살짝 비비거나 고무망치로 쳐
서 타일 고대로 만들어진 접착제의 골을 무너뜨린다. 타일 옆면을 보고 접착제
의 높이가 타일 두께의 1/2 이상 올라오는지를 확인한다. 이러한 과정에서 타일
뒷면의 접착 면적이 확보된다. 접착 면적이 충분한지, 즉 커버리지 100%에 가

깝도록 접착제가 무너졌는지는 타일을 다시 들어보면 알 수 있다. 종종 타일을 들어서 확인해야 한다.

— 건축공사표준시방서는 떠붙임 시공에서 몰탈의 바름 표준두께 12~24mm를 표준으로 제시한다. 압착 시공에서는 접착제 두께는 타일 두께의 1/2 이상으로 하고 5~7mm를 표준으로 한다. 바탕면과 타일에 모두 접착몰탈을 바르는 개량 압착 시공에서도 두께는 10mm를 넘지 않는다.

작업자는 접착제의 '겉마름 시간(open time)'을 유념해야 한다. 빠른 작업을 위해 접착제를 지나치게 넓게 도포해놓고 타일 뒷면에 백버터링도 없이 붙이면 하자가 생긴다. 떨어진 타일을 보면 접착제가 타일 뒷면에 묻지 않고 도장 찍히듯이 접착제가 눌려만 있다. 건조한 날씨, 직사광선이 내리쬐는 야외, 선풍기 바람 등은 접착제의 겉마름을 더욱 재촉한다. 접착제 도포 넓이는 본인의 속도에 맞

▼ 타일 뒷면의 백버터링 (back buttering)

아야 한다. 타일과 타일 사이의 간격은 1mm, 1.5mm, 2mm 등 선택한 두께의 타일 스페이서를 이용하여 일정하게 만든다. 작업자의 눈에 의지하기도 한다.

바탕면이 일정하지 않은 경우는 접착제의 양을 조절해서 타일과 타일 사이의 높이 차이(단차, lippage)를 없앤다. 접착제가 넘치지도, 모자라지도 않게 도포하는 것이 요령이다. **평활도가 좋은 바탕면 준비의 중요성이 여기에 있다고 할 수 있다.** 줄눈 라인은 정밀하게 이어지도록 만든다. 타일 사이즈에 편차가 있다면 줄눈 간격을 좌우로 균일하게 나누어 조절한다.

평탄클립에 대한 오해가 있을 수 있다. 단차가 안 맞는 타일의 단차가 전혀 안 맞는 상황에서 잡아 당겨서 맞추는 용도가 아니다. 단차가 안 맞으면 높은 면을 밟아 누르거나, 낮은 면에 접착제 양이 부족한 것을 더해 높여서 맞춘다. 단차는 내가 먼저 잡아놓고, 평탄클립은 단차를 유지해 주는 역할로 보는 것이 타당하다.

▼ 좌우로 비벼서 접착제 골이 충분히 짓이겨지고 있는지를 확인한다.

재단과 가공

타일링을 하는 중간에 직선 커팅, 더 복잡한 커팅, 혹은 배관을 위한 타공이 이뤄진다. 직선 커팅은 타일과 타일이 만나는 갭, 또 타일과 다른 벽이 만나는 갭을 지나치지도 모자라지도 않게 남겨놓는 과정으로, 디테일에 큰 역할을 한다. 또 작업자의 성격 차이가 나타나는 부분이기도 하다. 커팅이 많고 복잡한 공간은 타일 가공을 한번에 해놓는 것이 요령이다.

수직 수평이 잘 맞는 공간이면 직선 커팅은 타일을 같은 사이즈로 계속 자르게 된다. 그렇지 않고 어딘가 기울어져 있을 때에, 직선 커팅은 모든 지점의 커팅 사이즈가 다르기 마련이다. 앞에서 일을 잘 해놓는 것이 그래서 중요하다.

핸드그라인더로 복잡한 커팅이나 때로 곡선 커팅을 처리하는 것이 익숙해지려면 시간이 걸린다. 개인적인 연습을 많이 할수록 현장에서 득을 볼 수 있다. 타일 가공은 시간 낭비없이, 타일 낭비없이 한번에 이뤄지는 것이 최선이다.

① 둥근 베란다 벽을 위한 커팅. 타일이 크다면 서너군데 지점을 측정한 뒤 둥글게 이어 그리는 것이 방법 중 하나다.

② 타일을 임시로 올려놓으며 복잡한 재단을 완성한다. 스페이서를 써야 정확하다.

③ 배관 타공에는 38mm 융착비트를 사용했다. (후속 공정을 위해서 구멍이 너무 타이트해선 안된다. 배관 주위 2~3mm는 확보되어야 한다.)

①

타일 옆면을 45도 이상으로 커팅한 다음에 타일과 타일이 만나는 모서리를 마치 타일이 이어진 것처럼 만들 수 있다. 마이터 가공(miter, 졸리컷)이라 한다. 모서리의 강도가 약해지므로 포세린 타일처럼 강도가 좋은 타일을 쓴다. 또한 접착제를 가득 채워야 한다. 젠다이 모서리, 조적 파티션, 조적선반, 조적욕조 등을 포세린 타일로 구현할 때에 흔히 마이터 가공을 한다.

마이터는 공장에서 필요한 갯수만큼 가공해오거나, 현장에서 핸드그라인더, 그라인더를 끼워 사용하는 졸리머신, 또는 웻쏘(wet saw)등으로 구현하는 방법이 있다. 현장에서 기공이 붙이는 속도를 올리기 위해서 '졸리컷이 가능한 조공'을 간혹 찾는 것 같다. 졸리컷을 하며 조공 일당을 받을 바에는 본인이 그냥 기공 작업에 뛰어드는 것이 낫지 않나 싶다.

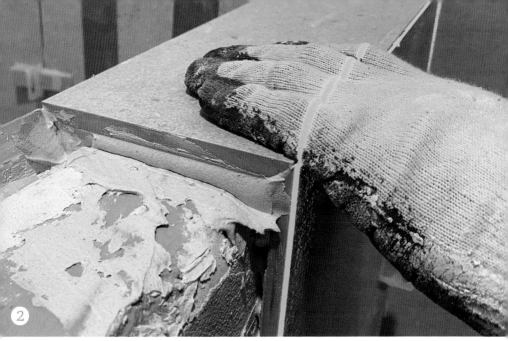

① 많은 양을 마이터 가공할 때에는 첫째날 가장 먼저 해놓기 마련이다. 타일을 45이상 예각으로 처리해야 밀착시키기 쉽다.

② 마이터 가공된 타일을 붙일 때에는 모서리를 가득 채운다. 타일 뒷면은 어떤 경우라도 비워놓으면 표준 공법에 부합하지 않는다. 조각이든 온장이든, 아웃코너든 인코너든 마찬가지다. ③ 젠다이(선반), 파티션, 조적 욕조를 갖춘 욕실 타일링이 완성되었다.

큰 포세린 타일로 작업하려면

타일 작업자가 "기본"을 이야기할 때에 종종 오해하는 사실이 있다. 기본이란 겉으로 보이는 줄눈 간격, 단차, 수평과 수직만이 아니라 오히려 타일의 뒷면에 있다. 바탕면 준비와 접착제 채움이다. 600 사이즈 이상의 포세린 타일이 널리 쓰이는데, 바닥이 되었든 벽체가 되었든 이러한 기본은 여전하다고 할 수 있다. 흡수율이 거의 없는 타일이므로 좋은 등급의 접착제로 백버터링을 진행한다. 바탕면이 평활하지 않다면 바탕면을 읽어서 가득 채워준다. 타일이 넓으므로 고무 망치나 손의 힘만으로 누르는 힘이 부족하다. 현장에서 제일 무거운 물체—내 몸이다—를 올려놓자. 타일에서 꾸루룩 공기 나가는 소리가 나면 잘하고 있는 것이다. 접착제가 모자라다 의심이 들면 다시 올려서 확인해보자. 접착제 골을 무너뜨리고 공기가 빠져나가도록 만들기 위해 타일 진동기(tile vibrator)를 쓰기도 한다.

▼ 타일 가운데서 출발하여 사방 가장자리까지 체중을 실어본다.

— 타일 시공 후 검사는 잘 되었는지 어떻게 할까? 건축공사표준시방서에 따르면, 타일 시공을 한 이후 임의로 한 장을 떼어내 본다. 밀착 정도가 80%에 미치지 못하면 주변 8장을 전부 다 떼어서 확인한다. 이 중 하나라도 80%에 못 미치는 것이 나오면 전체를 재시공한다. 그 취지를 염두에 둘 필요가 있다.

"벽타일 붙이기 중 떠붙임 공법의 경우는 접착용 모르타르 밀착 정도를 검사하여 중앙부를 기준으로 밀착 정도 80% 이상이면 합격처리하고, 불합격시는 주변 8장을 다시 떼어내 확인하여 이 중 1장이라도 불합격이 있으면 시공물량을 재시공한다." (3.6.2 두들김 검사 편)

이러한 기준을 그대로 따른다면 다음 페이지에 등장하는 사진들은 전부 재시공 대상이다. (대한민국에 타일은 전부 하자 시공인가 오해할 수 있지만, 제대로 된 시공이라면 이런 사진 자체가 없다.)

▼ 이렇게 일을 해놓았다면, 작업자는 밤에 두 발 뻗고 잠을 잘 수 있을 것이다.

① ~ ④ 에폭시는 매우 강력해서 마치 앙카 철물로 타일을 물리적으로 고정하는 효과를 낸다는 오해가 있다. 그래서 점처럼 찍어서 시공한다. 이러한 사례들은 임시로 짓는 건물에, 그것도 나중에 철거하기 쉽도록 하는 방식이 아닌가?
(에폭시 시공도 타일 접착 면적 40% 이상을 확보해야 한다.)

우리나라의 특성상 전세, 상가 임대 등 소유자나 실사용자가 자주 바뀌고 리모델링을 자주 하는 경우에 미장과 같은 벽면 처리를 생략하고 널리 이뤄지는 공법이다. 단점이란 뒷면에 접착 면적을 얼마나 확보할 것인지에 대해 강제하기 힘들다. 또 신축성이 없어서 수축 팽창하는 바탕면을 못 견딘다. 따라서 벽면이 안전하지 않다.

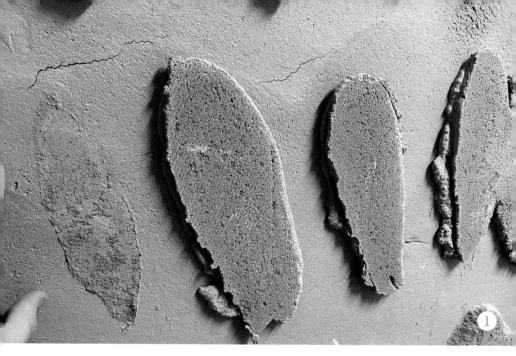

① ~ ② 떠붙임 두께를 줄이기 위해서 전처리를 한 모습이 보이지만 여전히 충분한 접착 면적은 확보하지 못했다. ③ 이렇게 작업된 거실 아트월이란 신축 당시에 작업자가 하루에 다섯 집, 아니면 열 집 이상을 해야 한다는 부담을 지지 않았을까, 추측할 뿐이다. 얼마나 급했는지 접착제를 뜬 모양이 규칙적이지도 않다.

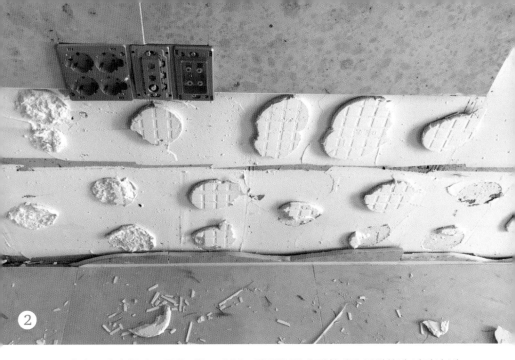

②

④ 타일 고대의 톱니로 골을 내는 이유는 평평한 면에 접착제를 균일하게 남겨서 빈 공간없이 눌러 압착하기 위해서이다. 두께를 더 주기 위해서 그 위에 덩어리를 올려놓으면 단차는 쉽게 잡히겠지만 골이 타일에 닿지 않으므로 의미가 없다. (이곳은 노래방이라서 작업자는 사람들이 이 위에서 춤추고 발을 구른다는 사실을 감안했어야 했다.)

④

▲ 시멘트는 피부에서 수분을 빼앗아간다. 고무장갑을 착용한다.

줄눈과 청소

줄눈에 대해 학습해보면 줄눈 마감에 대한 설명이 예상보다 방대하다는 데에 놀라게 된다. '타일을 다 붙였으면 줄눈이야 뭐' 할 수 있지만 작업자가 최종 마감의 질을 얼마나 높이 따지느냐에 따라 다르다.

접착제가 양생된 후 줄눈 작업을 시작한다. 거친 타일 표면에는 접착제가 남아있기가 쉽다. 약한 산성 용액 또는 수세미를 적절히 활용하면 잘 지울 수 있다. 타일과 타일 사이는 완전히 건조된 상태이어야 한다. 먼지, 접착제를 완전히 제거한다. 긁어내고, 쓸어내고 또는 청소기로 흡입할 수 있다.

줄눈시멘트는 매뉴얼대로 적정한 양의 물과 함께 교반한다. 너무 많은 물을 쓰지 않아야 한다. 깨끗한 통에 제조사의 매뉴얼을 참조하여 혼합한다. 내 예상보다 적은 양의 물을 넣어놓고 시작한 다음 믹싱을 해보자. 너무 뻑뻑하면 적절히 물을 첨가한다. 줄눈에서 발생하는 대부분의 문제는 물의 양이 많을 때 발생한다. 색상이 적용된 줄눈일수록 균일하게 혼합해야 한다. 줄눈 시멘트는 몇 시간 내로 굳기 때문에 (날씨가 더우면 더더욱) 처음에 적은 양을 준비해서 차츰 내가 작업 가능한 분량을 정해가는 것이 좋다.

타일 사이에 줄눈을 넣는다. 표면만 슬쩍 묻지 않고 바닥까지 채워지도록 눌러서 넣는다. 흔히 한 손으로 넣거나 고무헤라를 사용하여 넣는다. 한번 줄눈을 넣은 곳에 얼마든지 줄눈을 다시 밀어넣어도 좋다. 줄눈은 타일의 모든 가장자리를 가득 채워야 한다. (실리콘 마감을 할 부위를 제외하고) 줄눈을 걷어낼 때에 고무헤라를 사용한다. 라인과 45도 각도로 움직여서 줄눈을 파내지 않도록 한

▼ 마샬타운의 고무흙손(줄눈용)은 눌러서 넣어주는 힘이 더 좋다.

다. 남는 줄눈 시멘트는 말끔하게 걷어낸다. 깨끗이 닦아낼수록 닦는 과정이 편하다.

1단계 : 처음 닦아내기

줄눈이 마르기 전에 깨끗한 물을 받아서 청소를 준비한다. 스펀지를 적힌 후 꽉 짜내서 타일을 닦는다. 도기질 벽타일에 적용한 줄눈은 타일로부터 수분을 금방 빼앗긴다. 넣자마자 닦아내도 된다. 바닥 타일―자기질 또는 포세린―의 줄눈을 닦을 때는 15분~30분 시간이 흐른 뒤에, 타일 표면에 남은 줄눈이 약간 말라가면서 색깔이 약간 밝아질 때를 주목한다. (속건성 등 기능이 강화된 줄눈은 오래 기다리지 않는다. 제품 매뉴얼에 따른다.)

이 단계에서는 타일 표면을 닦는 것과 동시에 줄눈 모양을 가다듬을 생각을 해야 한다. 줄눈 방향으로 스펀지를 움직이지 말고 대각선 방향으로 혹은 빙글빙

▼ 줄눈을 닦아내는 요령 : 타일과 타일 사이의 줄눈 모양을 정돈해야 한다.

글 돌리면서 닦기 시작한다. 줄눈을 파낼 우려가 있기 때문이다. 손의 힘이 아니라 오직 스펀지 표면의 힘을 쓴다고 생각하면 된다. 과도한 물은 시멘트 줄눈에 전혀 좋지 않다. 컬러 줄눈을 작업할 때에는 특히 스펀지에서 물기를 잘 짜내야만 이색 현상을 방지할 수 있다. 이색 현상은 물이 지나치게 많을 때 주로 일어난다.

스펀지 표면의 구멍을 보면 줄눈 시멘트가 채워져 가는 것이 보인다. 이때는 스펀지를 물통에 담가서 헹군다. 이 첫번째 단계에서 줄눈은 타일 표면보다 아주 약간 오목하도록 다듬어진다. 구멍이 발견되거나, 꺼진 부분이 보이면 줄눈을 손가락으로 채우면 된다. 적은 공간을 줄눈 넣고 닦아내기를 해보면 이 정도 시간이 걸리는군 하며 감을 잡을 수 있다.

2단계 마무리 닦아내기

모든 타일에 줄눈을 넣고 한번씩 닦아내는 과정이 끝났다면, 마무리 닦기를 진행한다. 그 전에 타일 표면에 남은 줄눈 무늬가 약간 마르도록 놔둬도 괜찮다. 물통에 깨끗한 물을 받고, 스펀지를 담근 뒤 꽉 짜낸다. 물은 언제나 꽉 짜내고, 고무장갑에 흥건한 물기까지 물통 속에서 턴다. 대각선으로 닦아내는 과정을 다시 진행한다. 이때 짧은 거리를 한번 지나간 후, 스펀지를 뒤집는다. 한번 쓴 면을 타일에 다시 대지 않고 곧바로 씻는다. 필요에 따라 깨끗한 물로 바꿔준다. (이 과정에서 깨끗한 타일 표면을 보면서 스스로 감탄하자. 팔근육의 고통에 대한 일종의 진통제다.)

600x600 이상으로 타일이 크면, 줄눈 위를 스펀지가 지나가게 하지 말고 타일 표면만 닦아도 된다. 시멘트 줄눈에 구태여 물을 첨가할 이유가 없다. 모자이크 타일처럼 작은 타일에선 어쩔 수 없이 전체 면을 닦아야 할 것이다.

바늘구멍 같은 구멍이라도 남았는지, 줄눈 면이 일정한지, 표면이 깔끔한지를

▲ 줄눈이 많이 들어가는 작은 타일에는 당연히 줄눈 작업이 차지하는 비중이 많다.

눈으로 체크한다. 맘에 안 들면 쓰다 남은 줄눈 시멘트를 손가락으로 가져와서 채우고 다시 닦으면 된다. 건조된 후 약간의 시멘트 얼룩이 보이는 것은 마른 걸레나 극세사 천 등을 사용하여 정리해줄 수 있다. 시멘트 줄눈은 일반적으로 경보행이 가능할 정도로 양생되기까지 2~3일 걸린다. 완전히 경화되는 것은 시간이 더 필요하다. 사용한 제품 매뉴얼을 참조하자.

줄눈은 자연스러운 조건의 온도에서 천천히 건조시키는 것이 가장 좋다. (섭씨 17도~25도) 헤어드라이어, 열풍기, 히터 등으로 줄눈을 인위적으로 빨리 건조시키면 양생에 필요한 물을 없애는 것이므로 결과적으로 강도가 약해진다. 또 크랙이 생기기 쉽다. 줄눈 마감의 중요성이 간과될 때가 있다. 타일을 잘 붙여도 줄눈이 엉망이면 그 타일링은 엉망으로 남는다. 줄눈 마감은 중요한 기술이다.

에폭시 줄눈

에폭시 줄눈은 견고해서 오염에 강하고, 이색 현상도 거의 없으며, 양생 과정에서 수축도 없어서 크랙 발생률이 현저하게 낮다. 에폭시 줄눈에 대한 소비자의 관심이 높아지고 있다. 에폭시 줄눈 작업에는 시멘트 줄눈보다 더 많은 노력이 든다. 국내에는 마페이, 아덱스 등의 제품들이 많이 소개돼 있는데, 이들은 시공 방법도 적극적으로 소개하고 있으니 학습하자.

에폭시 줄눈 제품은 대개 주제와 경화제 두 가지로 나뉘어 출시된다. 시멘트 줄눈보다 초기 경화 속도가 빠르므로 모든 도구를 완전히 갖춰놓고 시작하자. (고무장갑, 줄눈고대, 스펀지, 물통, 작은 통, 헤라 등) 특히 작업복은 더러워져도 되는 것을 입자. 한번 시작하면 도중에 뭔가 없어서 가지러 다녀온다던가 할 시간이 없을 정도이다. 에폭시 줄눈은 한번에 많은 양을 작업하지 못한다. 주제와 경화제 적은 양을 먼저 믹싱하되, 비율을 정확히 측정해서 교반한다.

▼ 에폭시 줄눈으로 마감한 야외 포세린 타일링. 기존의 시멘트 줄눈을 파낸 후 새로 작업하였다.

에폭시 줄눈을 넣는데 쓰는 고무헤라는 더 단단하면서 (묵직하고) 표면에 에폭시가 스며들지 않는 매끈한 스타일을 사용한다. 타일에 묻은 에폭시는 최대한 닦아낸다. 적은 면적을 넣고 나면 덜 들어간 곳이나 구멍이 있는지 이때 확인하고 물을 묻히기 전에 채운다.

에포시 줄눈은 시멘트 줄눈과 특성이 반대다. 시멘트 줄눈은 물을 많이 쓸 때에 많은 문제를 일으키지만, 에폭시 줄눈을 닦을 때는 문제 없다. 그렇다고 물을 쏟아부으면 곤란하며 물의 도움을 입는다고 여기면 된다. 물기를 적당히 머금은 스펀지를 활용하자. 스펀지에 물기가 너무 없으면 스펀지가 타일에 채워진 에폭시 줄눈을 빼내어 버린다.

▼ 에폭시 줄눈으로 마감한 실내 포세린 타일링.

시멘트 줄눈 마감을 잘 해낸다면 에폭시 줄눈 닦는 것도 어렵지 않다. 다만 에폭시 줄눈을 닦는데 사용한 스펀지는 금방 못 쓰는 상태가 된다. 여러 개를 미리 준비하자. 에폭시 줄눈이 덜 닦인 타일 역시 재앙을 일으킨다. 깨끗한 물로 자주 바꿔서 닦아내는 것이 중요하다.

타일을 닦아낸 후 표면에 남은 물기는 극세사 타월로 제거하여 마무리한다. 물 속에는 에폭시가 남아있다. 마무리 단계에서 장갑을 끼지 않은 맨손가락으로 타일 표면을 만져보자. 끈적임이 느껴지면 더 닦아낸다.

제 3부

새로워지다

#최상의 커뮤니케이션 #사람보는 법 #현장변수
#조적 #방수 #배관 #관련업종 #타일하자보수
#자유로운 기술자 #욕실 리모델링 프로세스

▲ 욕실의 타일링. 호주 퀸즐랜드주 고든 파크 Gorden Park 주택

최상의 커뮤니케이터가 되는 법

평범함에서 최상으로 단번에 올라가자

타일을 어느 정도 알게 되면 1인 사업자로서 한 단계 높은 레벨로 가기 위해 꼭 필요한 것이 커뮤니케이션이다. 이 챕터에서는 그것에 대해 다루고자 한다. 주어지는 일을 잘 마치는 것은 중간 수준의 기술자이거나, 현장을 보조하는 사람이다. 고급 수준의 기술자는 여기에서 더 나아가 고객의 목표를 이해하는 사람이다.

이 세상은 흔히 '갑'과 '을' 둘로 나누어져 개념화 되곤 한다. 조직에는 팀장과 팀원이 있다. 사업체에는 사장과 직원이 있다. 서비스를 제공하는 사람이 있으면 서비스를 제공받는 사람이 있기 마련이며, 시장에서는 사람을 고용하는 사람과 고용된 사람이 존재한다. 건물의 주인이 있으면 그것을 임차한 사람이 있다. 그들이 계약서에 함께 서명을 하면서 갑과 을이 된다. 편의상 둘로 나뉘어진 세계이다. 이것이 그저 계약서가 아니라 한 개인의 세계관이 되어버릴 경우에 다음의 문제가 생긴다.

나 자신을 '을'의 위치에 집어넣고 피해의식을 갖기 십상이다.

피해의식에 젖어있는 사람은 내가 처한 현실 뿐 아니라 온 사회에 불평등이 가득하다고 느낀다. 개인간의 합의와 계약이 기반이 된 세상보다는 불평등을 확대해서 바라본다.

맛있는 빵을 구워내는 제빵사가 있다고 하자. 좋은 제빵사는 최상의 재료와 좋은 장비, 또 그가 연구해낸 레시피와 노하우를 동원하여 빵을 만든다. 손님은 덕분에 신선하고 몸에도 좋은 빵을 먹을 수 있다. 빵이 훌륭하고 맛있으면 멀리서도 손님이 찾아와서 빵을 살 것이다. 빵돌이 빵순이들은 실제로 소문난 빵집을 찾아 다닌다! 그들은 빵집을 찾는데 기꺼이 시간과 발품을 투자한다. 빵에 대한 가치를 높게 매기기 때문이다.

빵이 맘에 안 들면 손님들은 다른 빵집에 갈 것이다. 빵집 뿐만이 아니다. 제빵사는 손님을 어떻게 잘 대할까를 고민할 필요가 없다. 어떻게 좋은 빵을 만들 것인지를 고민하면 된다. 손님은 빵을 사러 오는 것이지 제빵사 인간성을 보러 오는 것이 아니기 때문이다. 깔끔하고 든든한 순대국밥집도 그렇다. 고기를 많이 넣고 부글부글 끓여내는 김치찌개집도 그렇다. 손님은 맛있는 식사를 찾아오고 만족스러운 지불을 하고 싶어한다.

제빵사가 맛있는 빵을 만들고 또 그것을 누리는 사람을 보며 보람을 느낀다면, 정당한 보상을 받는다면, 손님과 제빵사의 관계는 갑과 을이 아니다. 목표가 같은 파트너다. 나는 이 장면 속에 커뮤니케이션의 핵심이 있다고 생각한다.

어떤 실력있는 제빵사도 자신이 을이라 생각하지 않는다. 빵집을 찾아간 빵돌이 빵순이 어느 누구도 자신이 왕이라 생각하지 않는다. 양쪽은 모두 맛있는 빵을 추구할 뿐이다. 그 과정이 잘 되면 둘 다 만족스러운 결과를 만난다. 이들은 '가치'를 거래했다. 없었던 기쁨이 모두에게 생겨났다.

누군가 나에게 전화를 걸어서 새롭게 타일링을 의뢰했었다. 나는 현장을 보고, 견적을 내고, 작업을 끝내 드렸다. 고객님은 "좋은 결과물"로 만족해했다. 나는 적절한 보상을 얻었기 때문에 만족했다. 작업 현장에서는 많은 이야기가 필요하지 않았다. 사실은 고객님이 멀리 살고 계셔서 얼굴도 보지 못했다. 그런데도 커뮤니케이션이 매끄러웠던 이유는, 우리가 이 공간을 끝내주게 마감하자는 목표가 동일했기 때문이었다. 또한 서로를 신뢰했기 때문이었다. 이는 갑과 을이라는 적대적 개념과 다르다.

나는 회사 조직에서 말단 사무직으로 바쁜 적응의 시절을 보낼 때 이런 생각을 하지 못했다. 다시 말해서 내 커뮤니케이션 스킬은 꽝이었다. 나를 믿고 월급을 주는 누군가의 목표에 스스로를 집어넣고 헌신하지 않았다.

'어떻게 하면 내가 피해를 덜 입을 수 있지?'
'어떻게 하면 내가 월급보다 많은 일(책임)을 피할 수 있지?'

이는 월급장이 혹은 연봉 계약의 당사자로서 당연한 생각이자, 고용주와 직원 간의 영원한 입장 차이다. 불행히도 이런 상태에서는 사무직이든 현장직이든 절대로 좋은 결과물을 만들 수 없다. 심하게 표현하면 조직의 부속품에 불과하지, 비즈니스의 파트너가 될 수 없다. 문제를 주도적으로 해결하는 창의력을 발휘할 수도 없으며 좋은 커리어를 만들 수도 없다.

어떻게 커뮤니케이션을 할까에 앞서서, 상대방과 같은 목표를 갖자.
좋은 빵을 만들면 모든 문제가 해결된다.

효과적인 커뮤니케이션을 위한 대표적인 기술로 <경청>이 있고, <공감>이 있으며, <적절한 질문>을 예로 들기도 한다. 관심을 기울이는 자세, 시선맞춤이 있다. 이 모두는 두 사람이 같은 목표를 갖는데 필요한 부수적인 장치일 뿐이다. 고객을 처음 만나면, 우리는 목표가 서로 같은가? 같아질 수 있겠는가? 이 점에 집중해야 한다.

이제 목표를 서로 합했다고 가정하고 디테일에 대해 이야기해보자. 나의 고객은 타일 공임비를 지불하는 모든 분이다. 하루 이틀간의 일을 맡겨준 타일반장, 타일 시공업체, 자주 만나는 인테리어 업체, 직영 공사를 하시려는 분 등 모두를 뜻한다. 우리의 대화는 세 가지 쟁점 안에서 이뤄진다. 요구사항, 문제점, 그리고 결과물이다.

1. 요구사항

"어디에 어떤 타일을 붙여주세요."
"패턴은 어떠한 식으로 해주세요."
"여기의 마감은 이런 식으로 처리해주세요."
"언제까지 끝내주세요."

경청하고 그에 대해서 질문하고, 설명하고, 협의한다. 이야기를 듣다 보면 요구사항 안에 문제점이 보인다. 예를 들어 해당 패턴으로 시공할 경우에 양보해야 하는 사항이 있을 수 있다. 요구하는 옵션을 처리하려면 적절한 재료가 더 필요할 수 있다. 일정이 부족할 경우가 있다. 경험이 많은 작업자는 현장에서 고객의 한 마디를 들으면 이어지는 2단계, 3단계에서 파생되는 문제점이 보인다. 모조리 체크해야 한다.

새로운 부자재를 준비하거나, 아예 일정의 조정이 필요한 상황은 공사를 시작하는 당일에 일어나지 않는 것이 좋다. 그렇기 때문에 공사가 클수록 미리 현장답사가 필요하다. 공사는 중간에 변수가 생길 수도 있지만 웬만한 문제점은 기획단계에서 바로잡을 수 있다.

어떤 작업자는 말을 대충 듣고 모든 사항에 "오케이 오케이"를 해놓고는 나중에 보면 약속한 것과 다르게 만들어 놓는다.

"아니 왜 이렇게 해놨어요? 말씀을 이미 드렸잖아요."
"그렇게 하려고 했는데 이러이러한 문제가 있었어요. 그래서 안돼요."

고객 입장에서는 상황을 돌이키기 어려우니 청천벽력이다. '이 사람하고는 말이 안 통하는구나' 마음이 안 놓인다. 자기 마음대로 자기 편한 식으로 해놓는다는 인상을 받는다. 이제는 작업자를 지켜봐야 하므로 현장을 떠날 수가 없다.

▲ 욕실 철거 중 배관을 건드려 보수하고 있다. 바닥과 벽 코너에 에이콘 배관이 매우 얕게 묻혀 있다. 최초의 설비 작업자는 배관을 보호할 생각이 없었던 모양이다. 서울 은평구

2. 문제점

요구사항 안에서 보이는 문제점도 그렇지만, 정해지지 않은 부분에 대해서 질문하자. 어떤 고객은 마감이 자신의 머리 속에만 들어있다. 작업자는 그걸 끄집어내서 자기 머리 속에도 집어넣어야 한다. 애매한 부분은 디테일하게 캐물어야 한다. 정해지지 않은 것이 있다면 '언제까지 정해주세요'하고 요구해야 한다. 일을 하다가도 문제가 발생하면 즉시 커뮤니케이션 해야 한다.

- 기본적인 확인사항

타일과 부자재가 부족하다. (계산할 수 있어야 한다)

혹은 자재가 없다. (언제 도착하는지?)

다른 공정으로 인해 동선이 겹친다. (미리 예측했어야 한다)

수도의 위치, 전기콘센트 상태

바탕면 상태를 보강해야 한다. (혹은 철거가 미비하다) …

- 마감에 대한 확인

'이 상태에서 바닥 덧방 시공을 하면 슬리퍼가 문 아래에 놓일 수 없습니다.'

'여기에 벽을 만들려면 콘센트 위치가 이동해야 하겠네요'

'샤시와 만나는 가장자리 마감 방식은 어떻게 할까요'

'벽과 바닥 타일 사이즈가 다릅니다. 라인 일치를 하려면 줄눈 폭이 이렇게 나와야 됩니다.'

- 일어나서는 안 되는 상황들

물건이 도착했는데 깨져 있다. (사진촬영)

수도가 터졌다. (고치면 돼요)

민원이 발생했다. (아랫집에서 찾아오셨어요. 화가 많이 나 있네요)

사람이 다쳤다. (이런 문제는 평생 만나지 않기를) …

▼ 도기, 욕실 거울 등을 택배로 받을 때에는 유의해야 한다.

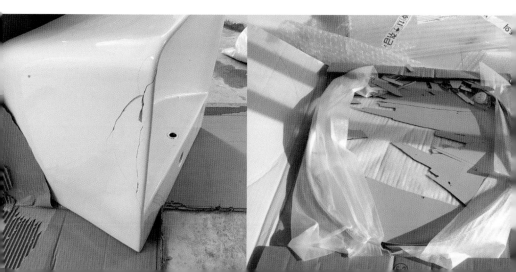

3. 결과물

결과물의 커뮤니케이션이란 앞서 경험한 문제들이 해결된 상태를 확인하는 것에 불과하다. 이런 커뮤니케이션은 사진으로 충분하다. 하루를 마무리하는 시점에는 고객이 현장에 없을 가능성이 많다. 중간과정이라도 사진과 함께 간단히 코멘트를 보내드리자. 고객 입장에서는 다른 일을 하고 있더라도 그 현장이 되어가는 상황이 궁금하다. 기술직의 장점 중의 하나는, 말솜씨가 빼어나지 않아도 된다는 점이다. 기술직은 결과물로 말한다.

이런 사람 조심하자

현장에서 약간의 경험을 쌓고 나면, 작업자를 힘들게 만드는 것은 타일과 현장 상태가 아니라 '사람'이라는 사실을 알 수 있다. 어떤 부류의 고객은 엄청난 인내력을 발휘하도록 만든다. 사람을 보고 판단하는 것은 저마다의 기준과 노하우가 있으므로 이를 특정해서 정리하기는 어렵지만 나의 경우는 딱 한 부류의 사람은 걸러낸다.

중간에 말을 끊고 자신이 하고 싶은 말을 하는 사람.

직접 경험해보니 이런 분들에겐 특징이 있었다. 전문가의 견해를 반영하지 않는다. 상대방을 (그다지) 믿지 않는다. 고객을 만날 때에 좋은 인상이 중요하지 않다. 대화가 되는 사람인지가 중요하다. 아무리 상대방이 친절하고 교양이 넘치며 심지어 내 칭찬을 많이 해도, 대화가 되지 않으면 소용없다.

어느 날 현장에서 전화를 받았다. 명랑하고 친절한 목소리였다. 그분은 인테리어 업체라고 자신을 소개했다.

"악어타일 맞으시지요? 이 날짜에 작업을 해줄 수 있으세요?"
"죄송해요, 그 주는 계속 바빠서 안되겠습니다. 이유는…" (이유를 설명)

"그러시군요. 이번에 저희 집을 공사할 것인데, 악어타일님하고 꼭 하고 싶어서요, 그 주에 단 하루도 안될까요?"
"(달력을 재차 살펴보고) 그 주는 바닥 작업이 계속 이어져서 도저히 시간이 안 나네요. 죄송합니다." (이유를 두 번 설명)
"아 그러세요. 너무 아쉽네요. 악어타일님하고 꼭…(블라블라)
주말이라도 혹시 안될까요?"

"네 일요일에는 하지 않습니다." (소음이 발생하는 타일 공정을 잘 모르는 것 아닐까, 의심이 든다)
"네에 (블라블라) 야간에는 작업하지 않으시지요?"

나는 거기까지 듣고서 조용히 전화를 끊었다. 그 날짜에는 어렵다고 처음에 말씀드린 내 이야기를 듣지 않는 분이기 때문에, 죄송하지만 '걸러낸' 것이다. 아쉽지만 사업적인 판단일 뿐 개인적으로는 감정이 없다.

이런 분은 나중에 어떤 문제가 있느냐 하면, 현장에서 어떠한 변수나 상황이 발생해서 의견을 드려야 할 때에 그런 이야기를 듣지 않는다. 좀 듣는 것 같다가 결국에는 본인의 생각대로 관철시킨다. 그러면 작업자는 엄청난 정신적 고통을 감내해야 한다. 나를 무척이나 좋아하는 분이면, 더구나 인테리어 업체라면 앞으로 계속 좋은 관계가 될 것 같지만 경험상으로는 그렇지 않았다. 앞서 일어난 상황은 내 오해일 수도 있다. 현장 경험이 쌓이면, 누구나 나름대로 사람을 보는 눈과 원칙을 기를 수 있을 것이다.

이 챕터를 시작할 때 가장 좋은 커뮤니케이션이란 목표를 합하는 것이라는 이야기를 했다. 우리의 목표는 그저 타일공이라는 지위를 획득하는 것인가? 타일을 붙이고 돈을 받는 것인가? 나와 내 가족이 행복한 삶을 사는 것이 우리의 궁극적인 목표가 아닐까 한다.

목표에 대한 근본적인 사고를 하면, 어떤 고객을 만나서 어떤 프로젝트를 하며, 어떻게 작업을 해야 할지에 대한 생각도 깊이 할 수 있을 것이다. 좋은 커뮤니케이션의 비밀을 이해하면 기술자로서 성공이다.

곱씹어 보기 :

1. 문제를 해결하겠다는 목표를 합하면 더이상 갑과 을의 관계가 아닙니다.

2. 대화가 되어야만 같이 일할 수 있습니다. 돈은 그 다음 문제입니다.

일을 어렵게 만드는 의외의 요인

어려운 일을 더 어렵게

직영 공사를 하는 고객님들을 만나다 보면 공통적으로 어려워하는 세 가지 문제가 있었다. 첫번째는 돈이다. 둘째는 일정 맞추기, 셋째가 품질 하자이다. 이 세가지는 본래 어려운 것이며 인테리어 업을 직업으로 해도 가장 어려운 문제다.

돈 문제를 쉽게 만들려면 기획 단계에서 욕심을 빼면 된다. 고급스러운 자재로 멋지게 하고 싶은데 돈을 적게 쓰고 싶다, 이럴 때 인테리어는 어렵다. 인테리어에서 싸고 좋은 것은 없기 때문이다. 자재에 대한 이해도가 있으면 더 좋다. 욕실에 쓰는 타일의 경우 비슷한 색감이라도 포세린 타일이냐, 세라믹 도기질이냐에 따라 비용 차이가 크다. 포세린 타일도 보편적인 가격대의 제품으로 꾸밀 수도 있고, 디테일한 질감과 색감이 더 우수한 이태리 수입산을 쓸 수도 있다. 요컨대 최고급을 쓰지 않더라도 만족스러운 결과물을 만드는 방법이 있다. 이는 기술자의 손에 많이 좌우된다.

일정 문제를 쉽게 만들려면 공사 기간을 넉넉히 잡으면 된다. 특정한 공정에 까다로운 작업이 많으면 업체에서 요구하는 것보다 하루 정도 여유를 더 줄 필요가 있다. 인테리어 공사는 빠듯하게 잡을수록 리스크가 있다. 또 좋은 업체를 일찍부터 섭외해야 한다. 일정이 틀어질 리스크가 줄어든다. 좋은 업체를 선정하면 품질 하자 걱정도 안 해도 된다.

기술자의 입장에서 일이 어려워지는 의외의 요인이 또 있다.

인천의 어느 아파트에서 있었던 일이다. 공사 시작하는 날, 트럭에 타일하고 부자재가 가득 실려서 도착했다. 지하 1층에서 자재를 내렸다. 1톤이 넘는 분량이었다. 대부분의 인테리어 현장에서 욕실 두 칸만 공사를 해도 자재의 분량은 1톤이 넘는다. 장정 둘이서 한참 트럭에서 자재를 내린 다음에 엘리베이터 양중을 하려던 참이었다. 그때 관리소에서 누군가 허겁지겁 뛰어왔다.

"지하에서는 짐을 내리면 안돼요. 트럭에 다시 실어서 1층으로 가서 하세요"

이유인즉슨 바닥이 깨진다는 것이었다. 차량이 오가는 바닥이 어른 서너명 무게의 카트 때문에 깨진다고? 반박해도 소용없었다. 트럭에 도로 실으라는 것이다. '오 마이 갓…' 더구나 바깥에는 한파주의보가 발령된 날씨였다. 나중에 그분의 손을 붙잡고 사정사정을 했다. 정신이 거의 털려갈 즈음에 그분은 휙 돌아서서 가버렸다. 큰 다행이었다.

◀ 경고장을 받기도 한다. 차량 출입이 까다롭다면 경비실에 미리 신고하면 된다.

동대문구 어느 아파트에서 있었던 일이다. 이날 오전부터 욕실 타일 철거가 진행되고 있었다. 파쇄드릴로 타일과 몰탈을 깨는 거니까, 인테리어 공사하면서 일어나는 가장 큰 종류의 소음에 해당한다. 오전 11시 쯤에 아래층 주민이 찾아왔다. 사람이 야근을 하고 와서 자고 있으니까 오후 두 시까지만 기다려 달라고 했다. 업체 대표님은 어쩔 도리가 없어서 공사를 스톱했다. 철거가 밀린 후에 그 다음 이어질 공사 일정도 줄줄이 밀렸다. 그 다음날도 반나절씩 엉켰다. 민원은 예측할 수가 없다. 최대한 소음 심한 날을 미리 공지하는 수 밖에 없다.

어느 지역의 L백화점 오픈 준비가 한창이었던 현장에서 있었던 일이다. 4층에 계약된 동그란 상가 공간의 바닥타일링. 공사 첫째날 오후인데 L사 소속된 과장이 지나가다가, 화를 벌컥 냈다. 현재 지정된 구역의 바깥에 쌓여있는 자재, 장비를 전부 안으로 들여놓으라고 했다.

"이 안에만 당신 땅. 오케이?"

잠시 후에 과장은 두번째로 지나가다가 다시 말을 걸었다.

"지금 바로 안 할 거예요?
5분 후에 또 와서 그대로면, 전부 이 안으로 던져버릴 거예요."

모두가 알듯이 타일 부자재를 바닥에 던지면 터져버리고 가루가 다 날린다. '규칙을 안 지키면 여기서 공사 못 해요' 엄중히 경고하는 것이다. 타일링을 하기 위해 우리는 바탕면을 먼지 한 톨 없이 쓸어내고 프라이머까지 발랐다. 상식적으로 2톤이 넘는 타일과 부자재는 바탕면 바깥에 쌓을 수 밖에 없었다. 최소한 사전에 양중 원칙에 대해 공지해줬으면 좋았을 것이다. 어쨌거나 공사 첫째날 자재 양중을 두 번 해야 했다.

나중에 관리과장이 그토록 신경이 곤두서 있는 이유를 전해 들었다. 이미 마감된 통로의 대리석 바닥이 후속 공정에 의해 훼손되는 일이 빈번하게 발생했기 때문이었다. 우리의 공사는 타일만 잘 붙인다고 되는 것이 아니다. 타일보다 어려운 일들이 얼마든지 생길 수 있음을 이해해야 한다. 공사의 영향을 직접 받는 사람, 간접적으로 받는 사람 저마다의 고충이 있기 때문이다.

어려운 일을 더 어렵게 하는 일이란 **공사에 직접 관계없는 누군가가 개입하는 상황이다. 그 개입이 과도할 때에 문제가 된다.**

서울 강남의 어떤 아파트에는 공사업체 출입이 아침 9시부터 오후 5시까지로 정해져 있다. 5시 이후에는 실내에 사람이 전혀 없어야 한다. 규칙을 한번 어기면 관리사무소에서 하루 동안 해당 세대 공사를 금지하는 규정이 있다.

'관리소가 공사를 하루 못하게 막는다'는 규정은 그만큼 시간을 엄격하게 지켜달라는 뜻이겠으나 실제로 그렇게 개입한다면 집 주인의 재산권 행사나 그날 하루 밥벌이를 하는 공사업체의 권리와 충돌한다. 당사자 간에 잘 협의해야 하는 문제인 것 같다.

타일공사를 예로 들어 이 규정을 곧이곧대로 지킨다면, 9시에 입장한 후 타일을 실제로 붙이기 시작하는 것은 9시 반이나 10시부터다. 오후 5시까지 사람이 완전히 철수하려면 4시부터는 시계를 봐가면서 일해야 한다. 4시반에는 장비를 씻고 남은 접착제 등의 정리가 거의 끝나야 한다. 실제 작업은 하루 여섯 시간이다. 작업자가 체력은 덜 소모할지언정 일정은 엿가락처럼 늘어난다. 일정을 안 늘리려면 사람을 더 쓰든지 공정을 겹치게 해서 전쟁터처럼 해야 된다.

인천의 어느 대단지 아파트에는 인테리어 공사를 하려면 일주일 단위로 엘리베이터 사용료를 10만원씩 관리소 측에 지불해야 하는 규정이 있다. 일주일에서 하루만 늘어나도 2주로 간주하며, 엘리베이터 사용료는 20만원이 된다. 3주째부터는 30만원이다. 즉 토, 일요일을 제외하면 엘리베이터 사용료가 매일 2만원씩 발생한다. 그 현장에서 우리는 엘리베이터를 타고 올라갔다가 내려오는 비용이 서울에서 부산 가는 톨게이트 비용보다 비싸다고, 우스갯소리를 나눴다.

엘리베이터 사용료가 발생할 때에 공사업체는 이를 견적에 포함한다. 즉 엘리베이터 사용료는 집 주인이 부담한다. 이는 아파트 신축 때부터 정해진 규정이며, 집 공사를 하려는 입주민 의사와는 별개다.

공동주택에서 관리소의 개입 범위가 넓어지고 또 규정이 까다로워지는 이유는 민원의 압박 때문이다. 또 관리하는 입장에서는 엘리베이터나 공용 물품을 훼손하거나, 더럽히거나, 쓰레기를 남기고 가는 업체들을 경험했기 때문이다. 공사업체가 외부로부터의 불청객처럼 대우받지 않으려면 불청객처럼 행동하지 않아야 할 것이다. 자업자득이다.

곱씹어 보기 :

1. 인테리어 현장에는 외부의 간섭이 존재합니다. 소음, 폐기물, 기물파손 등 외부에 영향을 미치기 때문입니다. 다양한 케이스를 예측하고, 사전에 잘 준비해야 합니다.

2. 일을 하기 전에, 일을 할 수 있는 여건을 미리 만들어야 합니다. 어떤 현장에서는 이것이 매우 어렵습니다.

입주가 한창인 새아파트를 쓰레기장으로 만들어놓는 우리 시대의 자화상이다.
가구업체, 필름업체, 줄눈업체, TV 설치업체, 타일업체, 하자보수 업체…
각 세대에서 버린 듯한 택배 박스도 보인다. 2023년 인천

조적, 방수, 전기, 배관도 알아야 하나

알수록 자유롭다

타일 기술자가 방수, 전기, 배관을 꼭 알아야 한다기보다는 욕실 공사를 많이 경험해 보면 욕실에 관련된 공정의 지식이 자연스럽게 생겨난다. 조그만 욕실 안에는 배수 유가, 양변기 배관, 세면기 냉온수 배관, 샤워기 냉온수 배관, 콘센트, 천정 조명선, 환풍기 전원, 간접 조명을 위한 전선 등 온갖 것들이 모여 있다. 이에 대해 이해하고 있으면 막연한 두려움을 해소할 수 있고, 유사시에 문제를 직접 해결할 수도 있다.

욕실의 조적 작업은 과거에 비하면 너무나 흔해졌다. 교양필수 과목이다. 정면 벽에 벽돌을 쌓아서 선반(젠다이)를 만들 뿐 아니라 샤워 파티션을 만들고, 그 파티션을 낮게도 만들고 높게도 만들고, 샴푸박스 등 수납을 만들고, 심지어 욕조를 만든다. 레고 블럭을 갖고 노는 것 같다. 벽돌은 누구나 쌓을 수 있지만 아무나 하는 것도 아니다. 우수한 설비/조적 업체와 함께 일하는 것이 가장 좋겠지만 늘 그런 여건을 만들기는 어렵다. 다른 사람이 대충 해놓은 조적 바탕에서 힘겹게 일해본 작업자들은 본인이 직접 쌓겠다는 결정을 내리곤 한다. 조적시공은 수직을 잘 맞추는 것이 중요하고 면까지 반듯해야 해야 타일링이 수월하다.

방수

욕실에서 일어나는 누수의 대부분 케이스는 욕실로 물이 들어오는 배관, 또 그 물이 빠져나가는 바닥 유가 주변에서 일어난다. 타일 작업자는 바닥 타일을 작업하기 때문에 자연스럽게 배수구 주변을 만지게 된다. 깨진 틈이 보이면 인테리어 업체에게 문제를 지적하거나 아니면 직접 실링 처리를 보강해주는 것이 좋겠다. '갈라진 틈이 보이면 물리적으로 메꾼다'는 방수의 기본적인 상식을 갖고 있어야 한다.

타일로 욕조를 만들 때는 방수, 미장, 타일링이 한데 어우러져 여러 번에 걸쳐 처리되어야 한다. 타일공이 도막방수를 직접 처리할 줄 아는 것이 낫다. 제품 제조

▼ 천정까지 닿는 조적 파티션과 길게 이어진 젠다이를 만들며 많은 양의 벽돌이 들어갔다. 조적 면은 미장으로 마무리한 후 타일링했다. 경기 김포 고촌

사의 매뉴얼을 학습하면 된다. 방수실리콘, 붓과 롤러, 코너를 막기 위한 테이프 등의 준비물이 필요하다.

전기

타일공은 늘상 물을 다루고, 손이 젖어 있을 때도 많다. 현장에 있는 모든 전선에 유의하자. 전기에 대한 상식을 갖춰야만 욕실 작업을 하다가 콘센트가 더러워져서 젖은 스펀지로 닦는다던지 하는 어리석은 행동을 하지 않을 수 있다. 콘센트를 완전히 해체하는 작업이 필요할 때도 있다. 세대의 차단기 박스(옛날 용어로 두꺼비집)를 찾아가서 실내의 전원을 차단하고 해야 한다.

◀ 새 아파트의 주방 타일링 작업 중. 콘센트를 풀어내 보니 크랙이 가 있어 교체를 권했다.

타일링이 끝나고 콘센트를 제 위치로 넣어야 하는 상황에서 초보자가 흔히 할 수 있는 실수는 너무 긴 나사를 사용하는 것이다. 나사가 적정 수준을 넘어서 벽체 속의 전선 피복을 짓이기면 누전이 발생한다.

어떤 현장에 가면 조명을 모조리 철거한 상태이어서 어두컴컴하다. 콘센트를 대부분 빼놓은 경우도 있다. 전선을 약간 만져서 전구를 설치하거나 임시로 콘센트를 달 수 있으면 자신의 일을 편하게 할 수 있다. 그래서인지 여분의 전선, 절연테이프, 전기작업을 위한 니퍼나 와이어커터를 갖추고 있는 작업자가 있다. 제일 바람직한 것은 사전에 현장을 점검하고 필요한 요구를 해놓는 것이다.

배관에 대한 상식

모든 행동에서 배관을 조심해야 한다. 벽이나 바닥에 그라인더날을 집어넣고 커팅한다든지, 바닥에 콘크리트 못을 박아서 실을 띄운다든지, 혹은 파쇄드릴로 벽체를 까내다가 정말로 얕게 묻혀 있는 배관을 건드릴 수 있다. 물에 관한 문제가 생기면 타일링은 중단이다.

▼ 이 욕실에는 두 개의 세면대 자리를 만들면서 벽으로부터 두 개의 배관이 내려왔다. 배관은 중앙의 메인 하수 배관으로 이어졌다. 앞서 설비팀에서 별도의 메꿈처리 없이 배관을 끼워놓고 간 상태였다. 방수실리콘으로 틈을 막아 굳힌 후 베딩을 했다.

현장에 갔는데 욕실의 냉온수 배관에 샤워기, 앵글 밸브 등이 그대로 달려있을 때가 있다. 철거 공정에서 할 일을 다 하지 않은 것이다. 그렇다고 다시 누군가 와서 해줄 때까지 마냥 기다릴 수 있겠나. 욕실 공사를 자주 한다면 조절형 스패너, PVC 임시마개(메꾸라), 테프론 테잎을 챙겨다니자. 대충 돌려놓은 임시마개에서 한두 방울씩 누수가 있는 일이 흔하다. 꼼꼼한 사람은 정확히 조여놓고 잠시 후 손가락을 대어서 확인해본다.

도기 세팅

기본적으로 타일공에게 "샤워기 설치" 기능은 요구되지 않는다. 세면대 설치, 양변기 설치, 샤워기 설치를 메인으로 하는 도기 세팅은 타일과는 완전히 별개의 전문적인 작업이다. 타일과 전혀 다른 성격의 문제가 발생하고, 그것을 해결할 수 있어야 한다. 경험이 필요하며 새로운 공구 세트가 필요하다.

▼ 이케아 하부장 조립은 도기 세팅 기사들도 기피할 때가 있는 것 같다. 매뉴얼을 해석해야 하고, 난데없이 직쏘가 필요할 때가 있다. 서랍 조립, 상판 타공까지 일반 세면대 한 개 설치에 비해 많은 시간이 소요된다.

도기 세팅을 염두에 둘 필요가 있는 경우는 다음과 같은 고객의 상황이다. 욕실 정면 벽타일에 금이 가서 부분수리를 해야 한다. 작업 과정은 1) 샤워기를 분해한 뒤에 타일을 철거하고 2) 약간의 타일을 새로 시공하며 3) 샤워기나 샤워파티션 유리를 다시 설치한다. 철거 기사, 타일공, 설비 기사를 각각 불러서 해야 할 수도 있고, 이 세 가지를 다 할 수 있는 사람이 있다. 후자가 비용과 시간적으로 고객에게 이득이 되므로 선택을 받는다. 후자는 또한 유사한 작업을 계속 의뢰받아서 이어갈 가능성이 높다. 직영공사를 진행하는 고객이 타일시공과 도기 세팅까지 전부 한번에 해줄 수 있는 업체를 찾기도 한다. 결국 우리가 앞으로 도기 세팅을 하겠느냐 하지 않겠느냐는 **어떤 고객을 만나서 어떤 공사를 하겠다는 본인의 선택이다.**

해외의 타일작업자를 보면 간혹 욕실 타일링을 마친 뒤 기구 세팅까지 끝내는 장면을 보여주기도 한다. 전혀 다른 분야를 학습할 수 있는 개인의 역량이나 관심사에 달려있다고 할 수 있다. 역시나 가장 중요한 것은 타일링 본업에 있어서의 전문성이다.

끊임없이 일하는 비결

쉬는 날을 줄여보자

택배 배달과 타일공 두 직업에는 어떤 차이가 있을까?

바보같은 질문이지만 나는 어느 날 근본적으로는 두 직업이 같다는 생각을 하게 되었다. '잘할 줄 아는 건 값을 매기고 팔아라' 라는 원칙이 같기 때문이었다. 취직할 수 있는 큰 조직만을 바라보다가 시선을 돌려보니까 몸이 건강하고 개인 차량이 있으면 배워서 할 수 있는 게 참 많았다. 자영업이자 프리랜서가 모두 그렇다. 그 중 하나가 타일링일 뿐이다.

시장의 수요가 꾸준하며 그러한 서비스를 내가 확실하게 제공할 수 있으면 그것 이야말로 많은 이들이 바라는 고용보장, 즉 정규직이 아닐까 생각한다. 사실은 요즘 같은 불확실한 세상에 진짜 정규직이 있는지 의문이다. 굳이 정규직과 비정규직의 구분을 둬야 할까 싶기도 하다.

나의 멘토는 타일 뿐 아니라 뭐든지 배운 다음에 그 기술을 돈을 받고 팔기를 권했다. 즉 '악어사장'은 타일도 붙이고, 설비도 할 줄 알고, 가구 설치도 할 줄 아는 업체로 소문이 나야 한다고 했다. 나는 그 어드바이스를 따랐는데, 많은 일들이 서로 가까이에 있었고 배우는 만큼 나에게 다가와서 이익이 되어주는 것을 경험했다. 주방 타일링을 끝내고 이튿날 다른 공구들을 들고 가서 이케아 설치를 해드렸다. 주방 조명도 달아드렸다. 욕실의 부분보수를 할 때에 적은 양의 철거를 했으며 타일을 시공한 뒤에 본래 있던 도기를 재설치해드렸다. 폐기물 처리도 직접 했다. 나중에 나는 '악어타일'이 고객의 입장에서 매우 편리한 업체임을 알게 되었다. 또 독립한 초기에도 매달 어느 정도 기본적인 날짜를 채워서 일할 수 있었다.

이케아(IKEA) 설치 서비스

이케아는 2014년 광명점을 시작으로 한국에 처음 진출했다. 처음 둘러본 이케아의 쇼룸은 환상적이었다. 가구들은 실용적이면서 적절히 고급스러웠다. 작은 소품은 저렴한 동시에 좋은 품질의 제품은 제 값을 받고 팔고 있었다. '북유럽 스타일'을 좋아하는 사람들이 이케아에 매료되기는 충분해보였다. 이리저리 구부러진 공간을 걸으면서 거실, 주방, 안방, 자녀들 방의 아이디어를 얻었다. 한참을 걷고 피곤해질 즈음에 거절하기 힘든 가격의 핫도그나 아이스크림을 먹었다.

이케아 주방 세트는 저렴한 가격은 아니지만 수납이 확실히 좋았다. 국내 대기업의 주방 세트는 큰 금액을 지불하면 고객의 큰 관여없이 일률적인 디자인과 구조를 실현해준다. 빠르고도 간편한 장점이 있다. 반면 이케아 주방은 설계의 자유를 원하며, 적극적으로 관여하고 싶은 사람에게 딱이다. 마음만 먹으면 하부장 전체를 서랍형으로 만들 수 있다. 특히 이케아 주방의 '막시메라(Maximera)' 서랍 레일은 유럽 블룸(Blum)사의 것으로, 손으로 서랍을 밀면 쭉 들어가다가 스르르 소리없이 닫힌다. 국내 유력한 업체의 주방 세트에서 블룸을 쓰려면 가장 고가의 라인을 선택해야 한다.

이케아 진출 초기인 그때만 하더라도 틈새 시장이 있었다. 이케아 주방은 셀프로 설치를 하려는 소비자에게 두렵고도 큰 프로젝트인데, 이것을 대신해줄 수 있는 이케아 공식 설치서비스는 대기 시간이 길었다. 또 싱크대 도어, 손잡이 등 원하는 제품 모델의 재고가 없을 때가 있었다. 이케아는 그게 언제 들어오는지 알려주지 않았다. 오늘 주문하면 내일 이루어지는 게 한국 스타일인데 북유럽 스타일과 그 점에서 다른 모양이다.

나는 부속이 복잡하게 들어가는 침대, 주방의 서랍 모듈, 옷장 등 구멍 한개도 오차 없는 좋은 제품에 매료되었다. 공식 서비스가 할 수 없는 일도 할 수 있었다. 소비자들은 종종 이케아 주방 세트를 주문하고, 또 다른 업체에서 원목 조리대

▼ 악어타일이 진행했던 이케아 설치 프로젝트들. 이케아 공식 서비스가 커버해주지 못하는 급한 수요를 채웠다. 가끔 국산 제품과 안 맞는 걸 되게끔 만들기도 했다.

상판을 맞추고 또 싱크볼과 수전은 국산 제품을 선택했다. 공식 설치서비스는 타사의 제품은 손대지 않는다. '설치 불가'라 답한다. 예를 들어 이케아 조리대 상판에 타공을 해서 멋지고 깔끔한 매립형 콘센트를 설치하려면 공식 설치 서비스를 통해서는 방법이 없다. 그런 문제를 내가 해결해 줄 수 있었다.

조리대 상판과 주방 수전을 포함한 주방 전체를 설치하려면 새로운 공구가 필요하다. 전동드릴 또는 충전식 임팩드릴 이외에도 보일러 배관에 맞게 하부장을 커팅해야 할 때 직쏘를 사용한다. 조리대 상판 가공에는 원형톱을 쓴다. 상하부장 고정 레일을 커팅할 때 핸드그라인더에 커팅휠을 끼워 사용한다. 그 고정 레

▼ 이케아 제품은 전 세계 공통이므로 설명서가 글 없이 그림으로만 되어 있다. 제작자의 의도를 잘 해석해야 하는 부분이 있다. 제품 박스 안에 수북한 볼트와 너트가 들어있어서 그 양에 압도당해도, 설명서를 한 페이지씩 넘어가면 결국 끝에 다다를 수 있다.

일을 콘크리트 벽에 박을 때 해머드릴이 필요하다. 가구와 가구를 서로 붙잡고 피스로 고정시킬 때에 목공용 클램프를 쓴다.

가구 조립은 타일링과 달리 하루 일과를 마치고 난 후에도 옷이 깨끗하다. 공구도 깨끗하고 씻을 것이 없었다. 오로지 톱밥만 털면 된다. 타일링보다 어려운 점이라면 재료에 여분이 존재하지 않는다. 딱 하나뿐인 부속을 잃어버리면 큰 낭패다. 중요한 겉면에 스크래치를 내거나 타공을 잘못하면 보상해야 한다. 주방 서랍 앞면에 있는 손잡이를 타공하면서 측정을 잘못하여 낭패를 본 적도 있다. 조리대 상판 커팅을 할 때에 더블 체크는 기본이다.

타일링과 이케아를 함께 할 수 있으므로 시너지를 낼 때도 있었다. 주방 타일링과 이케아 주방 설치를 함께 맡기도 하고, 욕실 타일링을 마친 후 이어서 이케아 세면대 하부장을 설치하기도 했다. 이케아 주방을 설치할 때에는 모든 과정이

▼ 주방 타일링 이후 이케아 주방 하부장과 조리대 상판의 셋업. '메토드(Metod)' 하부장은 보일러 설비에 맞게 오려내는 것이 관건이다. 서울 송파구 풍납동

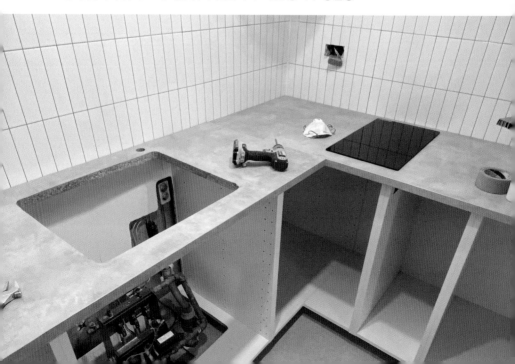

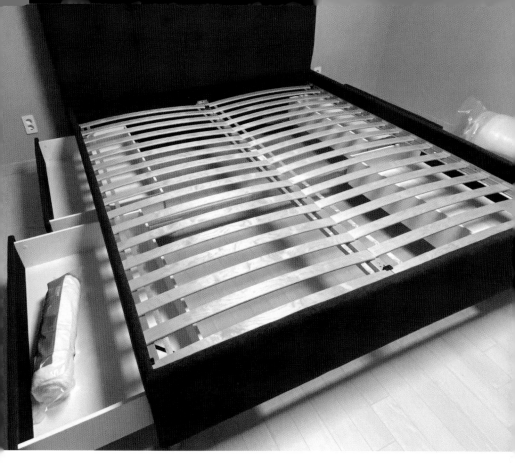

▲ 수납이 좋은 이케아 '이다네스(IDANÄS)' 침대 세트의 조립. 고양시 덕양구 오금동

끝나고 마지막으로 손잡이를 달 때에 비로소 고객님은 '와 멋져요' 하는 감탄을 하신다. 새 가구를 손으로 열었다 닫았다 할 수 있도록 해주는 조그만 손잡이가 비로소 심리적 거리를 좁혀주는 모양이다.

타일 하자보수

한국의 건물에는 금이 가거나 탈락된 타일만 부분적으로 보수 공사해야 할 일이 많다. 특히 겨울철이 지나간 후 욕실 타일에 금이 가거나 들떠서 공사 의뢰를 받는 사례가 많다. 인터넷에서 '타일 들뜸'을 검색해보면 아파트 혹은 빌라의 공용부 타일이 떨어지거나 상가 바닥이 들뜬 이미지를 많이 볼 수 있다.

타일 하자보수 공사는 일반적인 타일 공사와 작업 형태가 다르다. 문제 없는 타일을 놔두고 문제 있는 타일만 골라서 줄눈을 파내고, 깔끔히 철거하고 — 철거하는 중에 주변 타일을 깨면 하는 수 없이 그것도 철거하고 — 새로 시공하면서도 다른 사람이 맞춰놓은 라인에 맞게 단차를 최소한으로 정밀하게 복원할 수 있어야 한다. 또 대부분 거주중인 집의 공사, 영업 중인 상가에서 일해야 한다.

그래서인지 타일보수 공사를 스스럼없이 하겠다는 작업자는 많지 않다. 타일 보수만을 전문화해서 하는 업체가 더 자연스럽다.

새로운 타일을 시공할 때는 기존의 타일과 같은 것을 구할 수 없는 경우가 대부분이다. 그런 면에서 소비자와 사전에 협의가 되어야 한다. 현장을 먼저 확인하고, 비슷한 타일을 찾아서 선정하고, 사진을 보내 확인받는다. 부분 보수가 문제가 되는 경우 벽 전체를 새로운 디자인으로 바꾸기도 한다.

나는 경험 많은 선배님과 함께 대단지 아파트의 타일 보수 현장을 처리하면서 며칠간의 일정을 보내곤 했다. 많은 사례를 학습할 수 있었다. 역구배가 져서 물이 고이는 샤워실, 바닥 타일 들뜬 베란다 등 세대 내 문제도 있었지만 공용부의 벽과 바닥 폴리싱 타일이 들뜬 케이스가 많았다.

타일 하자보수 경험을 쌓으면서 수백장의 타일 하자 사진을 모을 수 있었다. '역으로 배운다'는 말이 있다. 많은 사례를 보고 고쳐보면서 타일을 어떻게 붙였는

▲ 빌라 공용부의 들뜬 타일보수 작업 중. 경기 의정부

지 학습할 수 있었다. 이것은 나의 작업에서 어떠한 방식으로 작업을 해나갈지에 대해 많은 영향을 끼쳤다. 또 해외에서 어떤 프로세스를 밟아 타일링을 하는지 찾아보는 계기가 되었다.

나는 한국에서 앞으로도, 불행히도, 타일 보수 일감이 한동안 많을 것이라고 생각한다. 현재 이뤄지는 대형타일 시공의 많은 사례에서도 예외가 아닐 것이다. 거주 중인 공간에서의 타일 하자보수는 일이 까다롭고 리스크도 크지만 타일 보수 하나만으로도 많은 일감을 얻을 수 있다. 소비자의 입장에서 이것이 바람직한 일만은 아니다.

타일이 대형화, 고급화하면서 시공 부자재나 공법이 그에 맞춰 발전하지 않을

때에 타일은 하자를 낸다. 여기에는 타일 기술자 뿐 아니라 고객과 협의된 공사 일정과 예산, 그리고 타일공을 고용한 인테리어 업체나 건설회사의 판단이 작용한다. 또 '빨리 빨리'를 우선하는 풍조와 왠만한 양이면 하루 만에 끝내고자 하는 작업자의 순전한 욕심 등이 합해져 이뤄진다.

작업자가 타일 공정 중간의 어떤 순간이든지 (특히 타일 뒷면 사진) 떳떳하게 인스타그램에 영문 태그를 달고 공개할 수 있다면, 그것을 타일 제조사들과 해외의 타일러들도 보고 인정한다면 글로벌 스탠다드라 할 수 있겠다.

집안일도 일이다

쉬는 것이 체질적으로 불안한 사람이 있다. 경기가 나쁘면 나만 힘든 게 아니다. 다들 어렵다. 마음 단단히 먹고 행복해질 방법을 찾자. 한 가족의 울타리에서 우리 역할은 그저 바깥에서 돈을 버는 것만은 아니다.

어린 자녀에게 책 한 권이라도 읽어주자.
특별한 것을 하지 않아도 같이 시간을 보내자.
가족과 대화하자.
배우자의 이야기와 살아가는 고충을 듣자.
우리 집 욕실을 고치자.
흔들거리는 주방 수전을 이제는 교체해주자.
더러워진 실리콘을 닦아내고 오래된 것은 다시 작업해주자.
귀가 따갑도록 들은 우리집 안주인의 민원을 이제는 해결해주자.
부모님댁을 고쳐드리자.
장모님댁의 욕실을 고쳐드리자.
옛 직장 동료들의 집을 공사해드리자.
천천히 정성스럽게 작업하며 실력을 기를 수 있는 좋은 기회다.

할인 프로모션을 해주고 삼겹살이라도 한 번 얻어먹자.

내 기능과 기술을 너무 먼데서만 쓰지 말자.

행복하고 기억에 남는 일이란 그런 것들이 아닌가 싶다.

곰씹어 보기 :

1. 내가 잘할 수 있는 것을 보상을 받고 판매한다는 생각을 가진다면, 타일만으로

시야를 좁힐 필요는 없습니다.

2. 타일 재료만 고급이 되어선 안됩니다. 타일링 과정이 부끄럽지 않아야 합니다.

그런데, 무엇을 위해 일하지요?

아껴둔 이야기

앞서서 우리는 쉬지 않고 일하는 방법에 대해 다루었다가, 이제는 왜 그토록 열심히 일하는지에 대해 뜬금없이 묻는다. 이 챕터는 삶에 대해 진지한 태도를 갖는 분들을 위해 그동안 아껴둔 이야기이다. 3부의 처음 글에서, 우리는 좋은 빵을 굽는 제빵사를 등장시켰다. 갑이니 을이니 입장을 나눠서 피해의식을 갖지 말고 좋은 빵을 만들면 모든 것이 해결된다는 취지의 이야기를 했다. 나아가서 서로간에 목표를 합하는 것이 최상의 커뮤니케이션이라는 얘기도 했다.

좋은 것을 넘어 위대함으로 가려면, 어느 정도 수준까지는 정해진 규칙과 프로세스가 관여한다. 또 숙달된 노하우가 필요하다. 그 너머의 단계에는 무엇이 있을까? 예를 들어 올림픽이나 프리미어 리그 같은 '월드클래스' 무대에서 겨루는 선수들에게 있어서, 훈련의 질적 수준이나 기본기의 차이가 얼마나 될까? 단거리 육상이나 수영 종목에서 1위와 2위의 시간 차는 얼마나 될까? 태권도나 펜싱 경기에 있어서 금메달과 은메달의 기량 차이는 얼마나 될까? 우리가 잘 아는대로 종이 한 장 차이, 영점 몇 초 차이, 그야말로 한 끗 차이로 메달의 색깔이 바뀐다. 그렇기 때문에 쟁쟁한 프로들 간의 경쟁은 사람들에게 더욱 드라마틱한 감동을 주는지도 모른다.

나는 기술적인 훈련—하드웨어적인 훈련을 넘어선 경지에서는 정신의 세계가 승패를 좌우한다고 생각한다. **보이는 세계를 좌우하는 것은 보이지 않는 것들이다. 사람의 말과 행동은 전부 마음과 생각의 결과다.** 건물 한 채는 누군가가 설계한 대로 지어진다. 음식의 맛도 누군가가 의도한 대로 만들어진다. 스티브 잡스와 그의 동료들은 '풀터치 아이팟 + 전화 + 인터넷'을 합친 하나의 기기를 상상하며 아이폰을 발명했다. 그것도 대강 작동하는 기기가 아니라 엄청난 디테일과 소프트웨어+하드웨어+앱 생태계의 일체성을 갖춘 것이었다. 그들은 전 세계에서 가장 가치있는 기업을 만들어냈다. 지구인들의 생활 방식을 영원히 바꾸어놓았다. 나는 '인성'이나 '마인드'란 구체적으로 마음(정신)의 습관이라 생각한다.

그러므로 창조주가 사람에게 준 것 중에 마음보다 강력한 것은 없다. 마음은 강력하고도 위험하다. 개인의 마음의 구조가 잘못 지어지면 인생 전체가 비뚤어지고, 마음이 바르게 세워지면 인생에 좋은 일들이 계속 일어난다. 거꾸로 말해서 인생이 불행한 사람, 포기 잘 하는 사람, 시도조차 하지 않는 사람, 살아있다는 기쁨보다 남과 비교하는 불만이 더 큰 사람은 오래전에 만들어진 자신의 마음의 습관에 원인이 있다.

사람들은 스스로 혹은 어릴 적 부모님, 친구로부터 영향을 받아서 마음 속에 길을 닦아놓는다. 한두 번 가보던 마음의 길이 견고해지면 습관이 된다. 나중에는 마음 습관이 인생을 끌어간다.

이런 이유로, 기술을 가르치는 학교가 있다면 정신 세계를 함께 가르쳐야만 한다. 이 세상에 일어나는 대부분의 문제는 교육에서 풀어야 한다! 마음이 바르지 않은 사람은 어설프게 기술을 배워서 일하다가 품질 문제, 마감의 문제, 책임의 문제, 혹은 돈의 문제를 일으켜서 업계 전체에 대한 신뢰를 깎아내리는 사람이 되고 만다. '노가다 하는 인간들이 다 그렇지' 이런 말이 돌아다니는 원인이 바로 거기에 있다. 유능한 코치는 최고의 축구선수를 키우기 위해 최상의 마인드를 가르친다. 마찬가지로 최상의 기술자가 되려면 기술적인 부분은 당연히 필요한 것이며 정신적인 부분을 함께 배워야 한다. 나는 기술이 좋은 사람과 정신이 바른 사람 중 하나를 팀원으로 선택하라면 후자를 선택한다.

현장이 마감을 허락하는 시기

히말라야 산맥을 타는 전문 산악인들은 "해발 5,000m 이상은 신들의 영역"이라 한다. 산소가 50% 이상 부족해서 생물체가 살 수 없고, 기상이 허락하지 않으면 인간이 접근할 수 없는 영역이다. 대한민국을 대표하는 산악인인 엄홍길 대장은 세계 최초로 히말라야 16좌를 올랐다. 22년간 38번 히말라야에 올랐고, 그 중 18번은 실패했고 나머지 20번만 성공했다. 과정에서 10명의 동료를 잃었다. 그분은 "산이 허락해야만 오를 수 있다, 에베레스트('초모랑마')가 정상을 허락해야만 올라가고, 또 살아서 내려갈 수 있다"고 했다. 엄홍길 대장에게 인생의 스승은 산이다. 생명을 걸고 일생 동안 산을 타면서 얻은 감각은 진리에 가깝다. 현장에서 인테리어 마감이 생명을 걸고 히말라야 등정을 하는 것에 비할 바는 아니지만, 나도 현장에서 사람이 일일이 관여할 수 없는 시기와 우연이 존재함을 절실히 느끼게 되었다. 그런 사례는 누군가 배관을 터트리는 것만이 아니다.

인천 남동구의 현장에서 오픈 준비중인 카페의 타일링을 마감하고 있었다. 계획된 일정의 마지막 날, 바닥 타일이 모자랐다. 급히 업체에 전화를 걸어 한 박스를 더 부탁했다. 오토바이로 달려오는 퀵이 지연되어 기다리다가 받았는데, 전혀 다른 제품이 왔다! 서너 장을 마저 붙이면 되는데 마감을 못하는 것이었다. 타일은 다음날 다시 받아야 했다.

경기 부천의 현장에서 바닥타일을 작업하고 있었다. 마지막 한 박스를 열어보니 색감이 달랐다. 제품번호는 동일했지만 생산일자가 다른 제품이었다. (-타일 공장에서 동일 공정, 동일 원료를 사용하여 타일을 생산하더라도 생산일에 따라 색감(shade)에 차이가 생긴다. 이를 관리하기 위해서 특정 횟수에 생산된 제품 단위에 동일한 로트 넘버(LOT : 정의를 내리자면, 모든 생산품에 있어서 특성과 품질이 동일하다고 판단되는 묶음에게 부여하는 번호)를 붙여서 관리한다. 즉 1월 1일에 생산한 타일과 1월 10일 생산한 타일은 각기 다른 로트 번호를 갖는다. 미묘한 색상 차이가 난다.)

어쨌거나 우리는 작업을 멈추고 제품을 교환해와야 했다. 그러나 내가 가져온 것이 마지막 재고였다. 해당 제품이 다른 영업소에 있는지 물색해야 했다. 서로 다른 로트가 3가지나 있었다. 무엇이 같은 것인지 확정할 수 없었기 때문에 거래처에서 3박스를 전부 갖다주셨다. 덕분에 무사히 공사를 마감할 수 있었다.

도기세팅을 하는 분은 너무나 잘 아실 것이다. 샤워기 한 종류에도 수많은 제품의 차이점이 존재하고 어떤 제품은 만듦새가 튼튼하지 못하다. 설치하자마자 누수가 발생하는 것도 있다. 스패너로 조이는 부분이 플라스틱으로 돼 있어 조심하지 않으면 본체를 통째로 교체해야 하는 제품도 있다. 어떤 양변기는 본체 불량이어서 내부에서 누수가 있다. 어떤 세면대는 배송되어 오는 과정에서 깨져 있다. 배송기사가 일부러 깬 것이 아니다. 거울, 도기 제품은 그럴 수 있다.

나는 어느 고객님의 현관 앞에 택배로 배송된 세면대를 박스째 들어올리다가, 박스 아랫쪽의 테이핑이 안 되어 있어서 세면대를 바닥에 추락시킨 적이 있다. (와장창!) 어느 고객님 댁의 욕실을 부분 수리하면서 실금이 살짝 가 있는 세면대를 건드렸는데 세면대에 구멍이 뻥 뚫린 적이 있다. 모두 새 제품으로 보상해 드렸다.

한 겨울에 타일 공사를 할 때는 시멘트 접착제의 양생 온도에 신경써야 한다. 양생 온도는 매우 중요한 것으로 야간에도 섭씨 5도 이상이 되어야 한다. 보일러 전원은 들어오지만 난방이 돌지 않았다. 우리 팀이 다 실내에 있었지만 추워서 힘들어했다. 아침에 현장에 오기 부담스러울 정도였다. '난방이 돌지 않는 것 같아요' 하고 경고했지만 고객님도 원인을 몰랐다. '이상하네요 다 정상인데…' 나중에 고객님의 남편이 현장에 오셔서 '이걸 잠가놨구나' 하고 잠가놓은 것을 열어주고 가셨다. 그때부터 비로소 현장에 온기가 돌고 작업도 진척되었다.

오래된 아파트는 배관이 노후되어 있어서, 오랫동안 문제가 없다가 공교롭게 욕실과 타일 공사를 마친 후에 말도 안 되는 이유로 누수가 발생하기도 한다. 타일을 깨고 누수를 탐지하고, 누수를 잡고 다시 타일을 마감하는 데에는 많은 비용이 발생한다.

선배와 함께 야외 테라스의 석재 작업을 했다. 많은 양의 줄눈까지 마친 날, 밤늦게 폭우가 쏟아졌다. 마감이 금방 끝난 작업을 비닐로 다 덮어놓고 왔고 그 다음 날 비는 그쳤지만, 바닥 콘크리트까지 내려가서 고인 빗물은 본래 새하얀 줄눈 색상을 얼룩덜룩하게 만들었다. 비로 인한 원인을 모두는 이해했으나, 결국에 우리는 핸드그라인더로 모든 바닥의 줄눈을 파내고, 새로 작업을 해야 했다. 타일처럼 반듯한 줄눈이 아니라 석재의 불규칙한 줄눈이었다. 기술자 두 명이 이틀을 꼬박 일했다.

이런 예들은 헤아릴 수 없이 많다. 최종적으로 공사에 대한 지불 결정을 내리는 고객의 마음, 작업자의 실수, 현장의 변수, 날씨의 변수, 나의 앞서 일해놓은 사람들이 만드는 변수, 제품의 변수, 관리사무소의 개입, 민원의 개입… 타일을 조금 배웠을 때 자신감은 가장 높기 마련이다. 나도 그랬다. 하지만 현장을 경험해 볼수록 그렇지 않았다. 현장이 마감을 허락하는 시기가 있다는 사실을 알게 되었다.

현장 기술자에게는 '감'이 있다. 사람이 어떤 분야에 종사하든지 그것에 완전한 집중력을 발휘하면 좋은 감각이 생겨난다. 예컨대 기업의 인사담당자가 오랫동안 직무에 집중하면서 사람에 대해 갖는 감각, 언론사에서 한 분야를 오랫동안 취재해 온 기자가 가진 감각이 그렇다. 노련한 강력계 형사가 가질 수 있는 감각이 그렇다. 타일 현장도 가보면 고객/업체의 말 한마디, 난데없는 곳에 박혀있는 못 하나, 앞서 진행된 목공의 컨디션 등을 보고 느껴지는 것이 있다. 그현장 마감을 하고 보면 처음 가졌던 감각이 거의 틀리지 않는다.

현장이 마감을 허락하는 시기를 느낄수록 나는 겸손할 수밖에 없었다. 거칠고 먼 바다로 배를 띄워서 장사를 나가는 상인에 비할 바는 아니지만, 현장에서 만나는 여러가지 풍파(?)가 내 마음을 자연스럽게 깎아내주었다. 마음이 떠 있는 작업자의 특징은 준비를 여유있게, 치밀하게 하지 않는다. 그러다가 작은 공구 하나가 없어서 고생을 겪는다. 간단한 재료 한 가지가 모자라서 그날 마감을 못 짓는다. 말 한마디를 제때에 하지 않아서 문제를 겪는다.

▼ 현장을 마감하면 저 도로를 타고 돌아갈 곳이 있어서 다행이다.

감사에 들어있는 능력

나는 우리가 타일을 붙여드린 집이 행복하고 잘 되시기를 속으로 기원한다. 현장을 처음 가서 고객님을 만날 때에, 일에 대한 이야기를 주로 듣고 나누지만, 한 사람을 만나는 것은 평생의 스토리 하나가 나에게로 오는 것과 같다. 현장이 크건 작건 마찬가지다. 작업을 시작하는 날 나는 장비를 올리면서 오늘도 잘 부탁합니다, 혹은 오늘은 정말 도움이 필요합니다, 속으로 기도한다. 현장에서 며칠을 보내고 마지막 타일을 붙일 때에 타일 뒷면에 감사를 기록해서 작업을 끝낸다. 그것은 아무에게도 보이지 않는 기록이다. 일과를 끝내고 공구를 하나씩 씻고 닦을 때에 나는 그들에게 고맙다는 말을 건넨다. 정확하게 임무를 수행해 준 그들 덕분에 일을 마쳤기 때문이다.

돈이란 내가 무작정 쫓아간다고 나를 만나주지는 않았다. 그러나 돈이 찾아올 때가 있었다. 감사와 긍정적인 마음이 돈을 끌어당긴다. 웃음과 행복도 끌어당긴다. 공사해드렸던 집에 작은 보수를 해드리러 다시 방문한 적이 있었다. 몇 달 사이 고객님의 배가 불러 있었다. "좋은 기운을 받아서 임신했나봐요." 아늑하게 완성된 집에 사시는 모습을 보고 기분이 너무 좋았다. 악어타일이 작업해드린 집은 다 잘 된다. 불만의 조건을 찾으려는 사람에게는 그것들이 얼마든지 눈에 들어온다. 감사도 그렇다. '오늘 왜 감사해야 하지?' 하고 가끔 자문한다.

오늘 건강하게 숨 쉬고 걸어다니는 것은 너무나 큰 감사의 조건이다.
두 손이 자유롭고 두 눈이 보이는 것이 감사하다.
좋은 자재와 공구를 쉽게 구할 수 있는 나라에 살아서 감사하다.
전기와 물을 풍족히 쓸 수 있는 것이 감사하다.
최고급 스마트폰과 초고속 인터넷을 쓰는 것이 감사하다.
하루의 일을 온 것이 너무너무 감사하다.
돌아갈 집과 가족이 있는 것이 감사하다.

감사를 못 느낀다면 삶의 감각이 무뎌진 것으로, 정상적인 마음에서 벗어난 것이라 생각한다. 나도 자주 거기서 벗어나는데 마음을 추슬러야 하는 시점이 자주 있다는 뜻이다. **감사와 기쁨은 매순간 내가 선택한 결과다. 기뻐서 기쁜 것이 아니라, 기쁨을 선택했기 때문에 기쁜 것이다.** 마음의 선택에는 큰 힘이 있다. 이것이 습관이 되면 삶이 변한다.

평생을 가는 현장 기술직의 방향 설정

다시 목표와 방향에 대한 이야기로 되돌아왔다. 나는 타일이 되었든 그 무엇이 되었든, 일이 인생의 전부가 아니라는 이야기를 하고 싶다. **사람이 일을 해야 하지만 일을 하기 위해서 태어난 것은 아니다. 사람이 밥을 먹어야 하지만 밥을 먹기 위해서 태어난 것은 아니다.** 오직 먹기 위해 살아갈 때에, 오직 일하기 위해 태어난 것처럼 살아갈 때에 문제가 생긴다. '일과 밥'이 있으면 또 '쇼핑할 수 있으면' 더 이상을 바라지 않는 마음을 가진 사람들도 많이 있다. 불행하게도 삶에 존재하는 큰 뭔가가 결핍된 상태이다. 우리는 일, 밥, 쇼핑, 대출 상환 그 이상의 것들을 찾아가야 한다. 사람의 마음에는 삶의 의미를 찾는 본성이 장착돼 있다.

자유로운 독립기술자는 '삶의 의미'를 향해 방향 설정하기에 좋은 직업이다. 직업과 결혼, 가족 또 거기서 오는 행복, 만족감, 자존감, 인생의 진리, 구원… 나중에 거기에 도달할 수 있을 것이다.

좋은 것을 찾는 사람에게는 결국 길이 열린다. 내가 생각하는 한 가지 진실이 있다. 내가 사랑을 받고, 또 사랑을 줄 수 있는 대상이 있어야만 사람은 진정으로 행복해진다. 즉 가족이란 문을 통과하지 않고는 행복이 오지 않는다. 그렇게 보면 인생의 모든 면에는 좋은 인연을 맺어가는 것이 삶의 의미, 혹은 행복의 전부라 할 수 있겠다.

그래서 자영업인 현장 기술자에게 있어, 아니 모든 사람에게 있어 누구와 함께 할 것인지 선택할 자유는 너무나 중요한 주제다. 무엇을 위할 것인지 선택할 자유, 무엇을 책임질 것인지 선택할 자유. 자유에는 책임이 따른다. 책임이란 속박이라기보다 오히려 기회라 말하고 싶다. 마음대로 살아보는 것이 진정한 자유는 아니다. 축구경기에서 규칙과 심판이 있어야 자유롭고 창의적인 플레이가 가능한 것처럼, 절제와 규칙이 어느 정도 필요하다.

이 책을 읽으신 분과 나중에 만날 기회가 있을지도 모르겠다. 그러면 커피 한 잔이라도 놓고 살아가는 것에 대해서 이런저런 이야기를 나눠보고 싶다. 거칠고 자유로운 세상의 파도 위에서 꿈을 꾸고, 도전하고, 삶의 의미를 생각하고 계신 모든 분들을 응원한다.

곱씹어 보기 :

1. 삶의 의미와 행복을 찾는 것이라면 타일이 아니어도 상관없습니다.

2. 겸손해야 됩니다. 진정으로 감사해야 합니다. 그것이 현장이 주는 교훈입니다.

에필로그 :
자유롭고 행복한 기술자가 되자

나는 기술자로서 국내 유수의 건설사들이 지은 신축/구축 아파트는 물론 "대한민국 대표아파트" "살기 좋은 아파트 선발대회" 등을 수상한 명품 타운하우스에 가서 일해 보았다. 명동에 있는 소위 한국을 대표하는 백화점의 본점에서, 인천국제공항의 국제선 면세점 등에서 일을 해보았다. 주차할 곳이 없는 신축 백화점의 오픈 준비 현장에서, 길에다 차를 던져놓고 주차딱지를 받아가면서 일해보았다. 차량의 백미러가 부딪힐까 말까 싶은 비좁은 골목을 지나가서 엘리베이터도 없는 건물에서도 일해 보았다.

그런 경험은 전부 나 자신에게 한 가지 사실을 가르쳐주었다. 대기업이 지었든 이름모를 건설사가 지었든, 그 결과물에서 하자를 내고 말고를 결정하는 것은 작은 벽돌 한 장을 내려놓거나 타일 한 장을 비벼 붙이는 작업자의 손이었다. 측정을 정확히 하고 수평 수직을 정밀하게 맞춰놓는 개인의 몫이었다.

현장의 벽체에 수평대를 대어보자. 마감재를 철거한 콘크리트 옹벽에 수평대를 대어보자. 수직으로 된 벽체는 보이지 않는 데서 일하는 개인의 자부심과 실력을 뜻한다.

저울이 한쪽으로 기울기가 쉽지, 정확히 수평으로 있기는 힘들다. 양쪽의 무게가 정밀하게 같아야 하기 때문이다. 마찬가지로 벽체의 수직이란, 마치 저울의 수평과 같아서 이쪽으로 기울지도 저쪽으로 기울지도 않은 상태다. 우연히 되지 않는 상황이다. 작업자가 반드시 신경을 써야만 일어나는 결과물이다.

벽체가 수직으로 서 있으면, 그 사회는 선진사회다.

물론 이 명제에는 한 사회의 선진화 여부를 목수들이 결정하느냐는 논리적 허점이 있다. 그러나 지나친 표현은 아니다. 길에 쓰레기가 없고 사람들은 줄을 잘 서며, 응급차가 달려갈 때 차량들이 재빨리 비켜주는 사회라면, 대한민국 곳곳에 누가 쳐다보지 않아도 큰 기업, 작은 기업, 공장, 식당, 편의점, 택배, 병원, 경찰, 군인, 소방관, 교사 등 각자의 자리가 묵묵히 맡은 역할을 잘해내는 사람들로 채워져 있다는 가정을 할 수 있기 때문이다.

미국 호주 등 선진국에서 배관공, 목수, 타일공이 대우를 받는—본인은 벤츠를 끌고 다닐만 하고, 배우자는 맞벌이를 할 필요가 없는—이유가 무엇일까? 이민자들의 나라, 건축가들에 의해 개척되어야 했던 나라에서 고된 육체 노동과 기술의 가치가 공유되기 때문이라 생각한다. 짧은 인생의 여행에서, 사람은 땀을 흘려서 일하는 동안에는 누구나 반드시 건강한 행복을 누릴 수 있는 것이 아닐까 한다.

직장에서 나는 어떤 직업(what)이 아니라 어떤 모습의 생활(how)을 원하는지 종이에 쓰면서 그것을 찾고 싶었다. 그 얌전한 사회 초년생은 결국 시멘트 만지는 현장기술직을 통하여 행동에 책임지는 법, 상대방에게 줄 가치를 만들어내고 협상하는 법을 배워갈 수 있었다.

누구나 그렇게 할 수 있다. 나는 그것이 자유와 행복이라 생각한다. 자유롭고 행복한 기술자란, 자신의 일에 자부심을 갖고 고객에게 행복을 주려는 사람이다.

나아가서 자신의 일을 통해 가정을 꾸리고, 사랑을 실천하는 것에서 만족감을 느끼는 사람이다. 어떤 것에도 얽매이지 않고 스스로의 원칙을 갖고 내게 주어진 작업에 몰두하는 사람이다. 그 결과물에서 행복을 느끼는 사람이다.

최소한 몇 년간 타일을 하고, 그렇게 해서 한 달에 얼마 벌어야 하고, 거래처가 몇 군데 되어야 하고, 그래야 제대로 된 타일공이라 부를 수 있는 것은 아니다. 진정성 있게 일하고, 현장을 아름답게 바꾸고, 우리가 정성과 성실로 만들어낸 에너지가 고객에게 기쁨을 주면 된다. 그렇게 하는 사람에게 적정한 수입이 안 따라올 수가 없다.

안 해 본 사람은 모르는, 현장 기술직의 마지막 장점

이 책의 서두에서 현장 기술직의 여러 장점에 대해 열거했다. 현장 기술직의 마지막 장점이자 가장 중요한 부분은 이것이라고 믿는다.

정신적 건강.
땀 흘려 일하는 사람에겐 우울증이 찾아오지 않는다.

시원한 물 한 모금의 청량함, 스스로 선택하는 휴식과 여유의 달콤함, 다른 사람의 문제를 해결해주는 보람, 금전적 보상. 타일을 배워가는 길에 있어서 새로운 어려움에 도전하고, 현장이 주는 어려움을 건너가고, 그 과정에서 배워서 내 것을 만들어가고, 감사함을 가지고 현장을 마감하는 모든 프로세스는 개인에게 가장 건전한 마음을 형성해 준다. 현장은 종종 내 결심만으로는 도달할 수 없는, 처음 가보는 마음의 경지에 나를 갖다 놓곤 한다. 나는 그 과정에서 조금씩 다른 사람이 된다. 일이란 당연히 수익이 목표이지만 그리로 가는 길 위에서 사람은 지혜로워진다. 땀 흘리는 순간이 진짜 삶이다.

나는 몸을 종일 움직여서 때로 근육이 지치고 여름에 덥고 겨울에는 추운 그런 일을 하는 것을 축복이라 생각한다. 깐깐한 성격을 고객님들 맘에 드는 현장 마감에 발휘하는 것을 행운이라 생각한다. 아침 시각에 아무리 일찍 도로에 나와도 어디론가 출근하는 차량들이 길에 가득하다. 고된 일과를 마치고 집에 돌아갈 때에는 내 차의 바퀴는 땅에 붙어 있지 않고 공중에 10cm 정도 떠서 간다. 그날의 작업을 복기하고 다음 현장을 준비한다. 집으로 돌아가면 가족과 함께 남은 하루를 마저 살아간다. 또한 미래를 자유롭게, 또한 신중하게 조형해 본다.

자유롭고 독립된 개인이어야만, 사람은 비로소 꿈을 가질 수 있다.

많은 사람들이 산업화 시대로부터 물려받은 정신적 습관 중 하나는, 정부에 의존해서 개인의 문제를 해결한다는 것이다. 1970년대나 1980년대에 그 방식은 유효했을지 모르나, 정부가 과거로부터 약속한 연금과 사회보장이 우리 세대까지 지켜지려면 세금을 많이 올려야만 가능할 것이다. 유능한 개인의 시대는 이미 도착해 있다. 자신이 오롯이 경작할 수 있는 땅을 가진 농부, 스스로의 삶을 책임지겠다는 사람만이 꿈을 꿀 수 있다. 그때 개인도 발전하고 결과적으로 사회도 번영할 수 있다. 자유와 기회의 분량이 내 아이들의 세대, 또 그 다음 세대에도 넘쳐 흐르기를 소망한다.

이제 현장으로 나가자.
자유롭고 행복한 기술자는 바로 당신이다.

현장실습 :
부실과 하자 없는
욕실 리모델링 프로세스

철거 (+ 설비)

욕실의 기획이 끝나면, 신축 건물이 아닌 이상 욕실 공사는 철거부터 시작한다. 욕실 안에 있는 모든 것 – 도기, 욕조, 천정, 벽과 바닥 타일을 철거한다. 욕실 공사에서 가장 중요하면서도 큰 소음이 발생하는 단계이다. 특히 공동주택에서 철거 일정은 미리 확정해서 안내문 등으로 공지하는 것이 좋다. 파쇄드릴로 타일과 몰탈을 부수는 과정에서 많은 먼지가 발생하고 다량의 폐기물이 현관으로 빠져나간다. 타일의 접착제 혹은 떠붙임 몰탈까지 말끔히 제거하는 것이 원칙이다. 덧방 시공(tile on tile)을 할 경우는 철거는 간단하다. 도기와 욕조, 천정만 철거한다.

철거 과정에서 배관을 건드려서 파손시키는 경우가 발생할 수 있다. 배관이 바닥 코너 등 너무 얕게 묻혀 있는 경우 그렇다. 작업자가 예상하지 못한 곳에 배관이 지나갈 때도 있다. 경험이 많은 철거팀은 즉시 배관을 부분보수할 수 있도록 배관 부속을 갖고 다닌다. 냉온수 배관 위치를 변경한다든지, 매립 수전을 설치한다든지 할 때에 철거 직후 설비 공사가 필요하다. 이 단계에서 콘센트 위치를 옮기거나, 간접 조명선을 더 따거나 하는 작업을 할 수 있다. 즉 설비나 전기 공사는 철거가 끝난 직후 이뤄져야 한다.

경험이 많고 정확하게 일하는 설비팀은 욕실 공사에서 핵심적인 역할을 한다.

방수

욕실, 샤워실, 주방 등 실내에 적용하는 방수 방법으로 시멘트 액체방수, 탄성 도막방수, 침투방수 등이 있다. 액체 방수는 방수제를 시멘트와 섞어 바르는 공법으로, 탄성이 없어서 온도 변화 등으로 쉽게 균열이 발생하는 단점이 있다. 액체 방수에는 보호몰탈을 입혀야 한다. 탄성도막방수는 액체 방수의 단점을 보완한다. 물을 담아두는 타일욕조(조적욕조) 등이나 목조주택 등에서 시멘트보드로 만든 욕실 공간에는 도막 방수가 적합하다.

방수는 욕실 바탕면과의 접착력, 또 타일 접착제와의 부착력이 중요하다. 방수 전에는 철거로 인해 벽에 묻어난 먼지를 확실하게 제거해야 차후에 접착력 저하로 인한 문제가 생기지 않는다. 대강 털어내지 말고 현장용 건습식 청소기 사용을 권한다. 덧방 시공을 할 때는 방수를 생략하거나, 침투방수 등으로 보완한다.

방수는 타일과 별개의 학습이 많이 필요한 영역이므로 관심이 있다면 실내, 실외 방수를 구분하여 학습하도록 하자.

바탕면 준비

철거와 설비, 방수가 끝나면 본격적으로 타일 바탕면을 만드는 단계이다. 물을 많이 사용하는 한국 욕실에서 바닥 타일링을 하기 위한 주거미 작업은 통상 1미터당 10~14mm 정도의 기울기로 물매를 잡는다. 즉 바닥 어느 지점에 물이 떨어지더라도 기울기는 배수 유가로 향해 있도록 만든다. 그러면서 바닥 타일을 시공했을 때 단차가 없어야 한다. 타일의 사이즈에 반비례해서 적절한 기울기가 존재한다. 예컨대 작은 타일은 좀 더 급한 기울기를 허용한다. (― 국토교통부 고시에 따른 '공동주택 하자의 조사, 보수비용 산정 및 하자판정기준' 제 2장 20조 <바닥 배수물매> 기준을 아래에 옮긴다.)
―

제20조(바닥배수물매)
① 옥내에 설치된 지하주차장 등의 바닥 일정 부위에 물이 장시간 고이거나 역물매가 형성되어 배수가 원활하지 아니한 경우에는 시공하자로 본다.
② 설계도면에 옥외(옥상·지상주차장 등) 및 욕실 등의 물을 사용하는 공간에 배수물매가 표시되지 아니한 경우에도 물이 장시간 고이거나 배수가 원활하지 아니한 경우에는 이를 시공하자로 본다.
③ 제1항 및 2항에도 불구하고 다음 각 호의 경우에는 하자가 아닌 것으로 본다.
1. 소량의 물이 기능상 지장을 초래하지 아니할 정도로 고이는 경우
2. 설계 당시부터 배수 물매가 고려되지 아니한 경우

바닥 뿐 아니라 벽체 타일링을 위한 미장 작업이 권장된다. (― 건축공사표준시방서는 타일공사 바탕면의 평활도를 3m당 3mm 내외로 기술한다. 떠붙임은 5mm 내외.) 벽체 미장은 먼지가 제거된 콘크리트 면에 몰탈로 미장을 진행한다. 벽체 미장 또는 보드 작업이 되어 있으면 타일의 선택에 제한이 없고 가장 튼튼한 공법으로 마감할 수 있으므로 하자가 거의 없다. 욕실 선반(젠다이) 또는 조적파티션 등을 만드는 작업도 이 단계에서 이뤄진다. 도어 아래 슬리퍼가 들어갈 공간이 어느 정도인지 이 단계에서 예상할 수 있다.

도기질 타일을 몰탈 떠붙임 공법으로 붙이는 것은 미장과 타일 마감을 사실상 한번에 처리하는 방법이다. 이로 인한 효율성으로 국내 신축 콘크리트 건물은 떠붙임 공법이 일반화돼 있다. 그 대신 타일링 공법 자체의 난이도가 높으며 사모래의 배합비, 모래의 굵기, 바탕면의 상태 등 여러 조건에 따라 하자가 발생하기도 한다. 작업자의 숙련도에 따라 차이가 있다. 또 300x600 이상 사이즈의 타일 뒷면에 몰탈을 얹어서 떠붙임 시공할 때는 많은 체력을 소모하게 되었다. 타일 뒷면에 80% 이상 접착몰탈이 채워지지 않으면 하자로 간주된다.

물에 비빈 사모래를 바닥에 펼쳐 바탕면을 잡은 후에 곧바로 이어서 묽게 탄 시멘트(노릿물)를 부어서 바닥타일을 붙이는 습식 공법 역시 미장과 타일 마감을 한번에 처리하는 방법이다. 떠붙임 공법과 습식 공법은 타일 뒷면의 흡수율이 일정 수준 이상이어야 가능하다. 바닥의 습식 공법은 두께가 일정하지 않은 석재 작업을 할 때에 더 효과적이다.

덧방 시공을 할 때에는 타일 면을 갈아내거나 비흡수면 프라이머를 도포하여 접착력을 보완하는 것이 바람직하다. 기존 타일이 단단하게 부착돼 있는지를 점검해야 한다. 들뜬 부분은 철거해야 한다.

▶ 욕실 철거 후 벽체 미장을 진행했다. 타일 시공을 위한 미장으로, 건물 외벽 미장이나 페인트를 위한 정교한 마감과는 차이가 있다. 거친 빗으로 쓸어서 요철을 만드는 것이 좋다. 어떤 욕실의 벽을 수직을 측정해보면 아래 바닥과 천정이 4~5cm 이상 차이 난다. '벽이 심하게 누워있다'고 표현한다. 몰탈로 벽미장을 한 번에 바를 수 있는 두께에는 한계가 있다. 여러 번 나눠 작업을 해야 한다.

바닥 타일링

양생이 다 된 바닥면에 타일링을 진행한다. 벽보다 바닥을 먼저 하는 것을 권하는 이유는 물 사용 때문이다. 바닥 타일 위에 벽타일이 올라탄 형태가 되면 벽을 타고 내려온 물이 바닥 타일에 닿아서 곧장 배수 유가를 향해 흘러간다. 벽타일이 먼저 작업되었을 경우, 물은 바닥 타일 가장자리의 줄눈에 먼저 닿고 타일 아래로 스며들기 쉽다. 이 원칙은 계단, 욕실 벽의 매립선반(샴푸박스, 또는 리세스 recess)를 할 때도 마찬가지다. 바닥을 먼저 한다.

욕실 타일의 전체적인 레이아웃이 바닥 타일링을 하면서 정해진다. 벽타일의 크기와 바닥 타일의 크기를 이미 알고 있으므로, 레이아웃을 정할 때는 커팅될 타일의 크기를 양쪽으로 잘 나누는 것이 권장된다.

① 바탕면 준비가 된 욕실에 바닥 타일을 진행한다. 레이아웃을 정한 다음, 배수 유가 주위 재단을 준비하고 있다. ② 조적 욕조가 있는 욕실 타일링의 완성

벽과 바닥 타일을 똑같은 것을 쓸 때에는 해당사항이 없으나 300x300 바닥 타일 두 장과 300x600 벽타일을 한 장을 매치시킬 때는 바닥에 놓고 시뮬레이션 해보아야 한다. 사이즈가 맞지 않을 때에는 줄눈 폭을 서로 다르게 조정하거나 또는 라인 일치를 무시한 레이아웃을 고객과 협의해야 한다.

욕조 설치와 배수 유가 설치도 바닥 타일링 단계에서 이뤄진다. 욕조 설치를 벽 타일보다 앞서서 하는 것이 욕조를 견고하게 고정하는 방법이다. 또 욕조와 벽 타일의 간격을 더욱 정밀하게 좁혀서 좋은 마감을 낼 수 있다. 그렇지 않으면 실리콘을 두껍게 처리해야 한다.

배수 유가를 중심으로 바닥에 물매가 형성돼 있으므로 바닥 타일의 단차 없이 정밀하게 작업한다. 배수 유가에서 특히 타일의 기울기를 잘 확인할 필요가 있다. 바탕면의 주거미 작업이 정확히 되어 있으면 바닥 타일링 작업이 빠르고 매끄럽다. 역구배를 염려할 필요도 없다.

▲▼ 샤워룸의 바닥 타일에 대각선 커팅을 하여 배치하는 아이디어.
물매를 단차없이 더 정교하게 구현할 수 있으며 대칭이 주는 시각적인 효과도 있다.
호주 퀸즐랜드주 Gorden Park 주택.

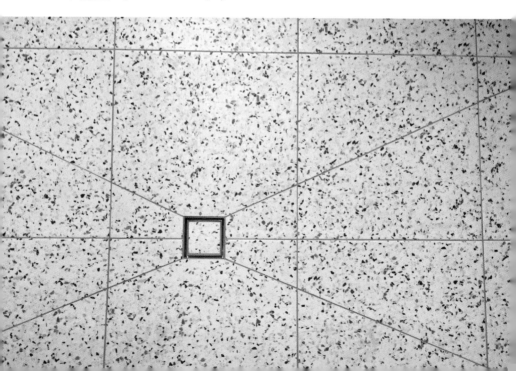

▲ 바닥 타일 전체를 대각선으로 배치하는 아이디어. 김포 장기동

벽체 타일링

바닥 타일이 양생된 후에 적절히 보양한 후 벽체 타일링을 진행한다. 벽타일은 아래에서 쌓아 올려가는 것이 원칙이다. 벽체는 통상 도어 쪽에서 바라볼 때 정면 벽을 먼저 진행한다.

콘센트 타공, 배관 타공, 간접 조명의 위치 타공, 벽체의 각종 코너 마감 등 가공이 많은 단계이다. 맨 윗장의 수평이 정확히 잡혀야 천정 공사가 매끄럽다. 벽체와 벽체가 만나는 코너는 타일을 서로 붙이지 않고 1mm 갭을 두어야 한다. 벽체와 바닥이 만나는 바닥 가장자리도 타일을 딱 붙이지 않고 1mm 갭을 둔다. 코너는 움직임이 발생하는 곳이므로 실리콘 마감을 하여 신축성을 둔다.

미장된 벽체에 타일을 시공 중이다. 타일 공사 전의 벽 미장은 타일링을 위한 러프한 미장이다. 때로 미장 표면을 철솔로 빗어 일부러 거칠게 해놓기도 한다. 바닥 타일이 먼저 시공 되었으며 벽체 타일은 바닥 타일을 타고 올라앉은 형태이다. 모든 코너에는 공간이 있어야 한다. 벽타일도 바닥과 갭을 둔다.

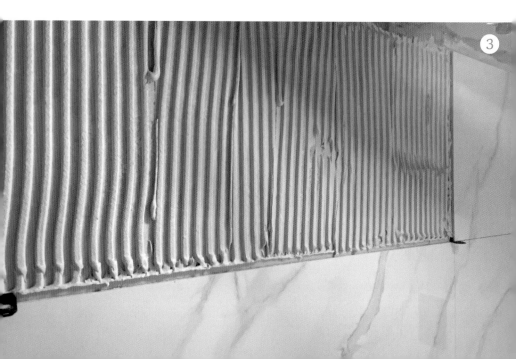

① 400x1200 도기질 타일. 바탕을 잘 만들어놓고 평탄클립 없이 작업했다.

② 600x1200 박판타일. 타일의 평활도에 따라 평탄클립 갯수를 늘려도 된다.

③ 접착제 골은 다른 조건이 허락한다면 공기가 빠져나가기 쉽게 짧은 쪽으로 낸다.

④ 타일링 후 천정 설치와 도기 세팅을 준비 중

① 패턴이 들어간 145x145 도기질 타일. 천정 높이가 정해져 있었으므로 위에서부터 붙여 내려왔다. 불규칙한 사이즈를 감안하여 스페이서를 쓰지 않고 갭을 분배했다.

③ 벽과 바닥타일은 둘다 300 사이즈이지만 엄밀히 바닥타일은 298mm, 벽타일은 300m이다. 바닥 줄눈을 넓게, 벽의 줄눈을 좁게 줘서 라인을 일치시켰다.

② 벽과 바닥 타일링이 끝난 욕실.
④ 욕실의 정면벽 인상을 결정지은 핑크색 타일이다. 사이즈가 일정하여 스페이서를 사용했다. 앞 페이지에서부터 예시로 들고 있는 사진들은 '타일이 크나 작으나 원칙이 같음'을 보이기 위함이다.

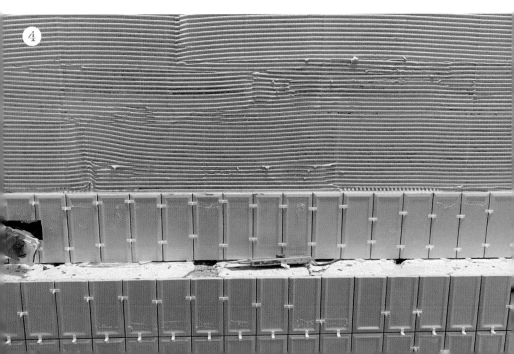

① 욕실에도 벽체의 매립선반(샴푸박스)이 인기있는 옵션이 되었다.
③ 불규칙한 도기질 타일로 구현된 매립 선반의 아이디어. 매립 선반은 어떤 형태이든지, 구현하는데 많은 시간이 소요된다.

② 타일 두세 장을 겹쳐서 코너 선반을 만들기도 한다. 타일 코너의 레진 마감은 젠다이 모서리, 타일 코너선반 등 마이터 가공된 포세린 타일 코너에서 널리 쓰이고 있다. 에폭시 덕분에 코너의 강도가 좋아진다. 타일 색과 비슷하게 조색을 하면 타일이 부드럽게 이어진 것 같은 효과를 낸다.

레진(Resin)은 본래 나무 수액이나 그것이 굳은 것인데, 오늘날 합성수지 종류를 통칭하는 말로 쓰인다. 에폭시도 합성수지의 한 종류이며 타일링에서는 에폭시 레진을 줄여서 레진이라 부른다. 치의학에서 치아를 때울 때 쓰는 합성수지도 레진이다.

벽타일의 코너를 딱 붙여서 작업한 욕실에서, 종종 수직으로 크랙이 발생한다. 이쪽 벽의 타일이 저쪽 벽의 타일을 밀어낼 때에 공간이 없었기 때문이다. 벽과 바닥 타일이 모두 양생된 이후 줄눈을 시공한다. 줄눈이 건조된 이후에 남아있을 수 있는 시멘트 자국 역시 청소한다. 벽체의 코너, 바닥 코너, 욕조 테두리 등을 실리콘 마감한다.

천정 시공

도기나 샤워기, 욕실 수납 등의 간섭이나 파손을 막고 원활한 작업을 위하여 천정 시공은 도기세팅보다 앞서 진행한다.

가공이 손쉽고 오염이 적은 소재인 SMC 천정이 널리 쓰인다. (비용도 적게 드는 방법이다.) 각목을 대고 보드를 붙인 후 페인팅 마감을 하는 등의 여러 형태도 존재한다. 흔히 천정에 매립등과 환풍기를 설치한다. 조명과 환풍기를 생각하면 천정 시공이란 전기 공사에 가깝다. 천정이 높으면 좋겠지만 아파트에서 욕실 천정의 높이는 윗집의 배관 위치가 결정한다. 꼭대기층이 아닌 한 무한정 높일 수는 없다. 본체 사이즈가 큰 환풍기를 선택할 때에는 천정으로 지나가는 배관 구조를 확인하여 얼만큼의 여유가 있는지 확인해야 한다. 어떤 경우는 환풍기가 너무 커서 맞지 않는다.

욕실 조명 색상은 욕실에 연출하기 원하는 색감을 의도하여 선정한다. 크게 전구색(노란색), 주광색(흰색) 또 그 둘의 중간 정도인 주백색이 있다. 주광색은 공간을 깔끔하고 넓어 보이게 한다. 밝은 분위기를 선호할 때 쓰인다. 주백색은 따뜻한 느낌을 낸다. 욕실 천정에 주백색 스폿 조명을 선호하는 분들도 많다. 거울 뒤편 등에 간접 조명을 쓰기도 한다. 간접 조명은 기능적인 이유 이외에도 화려하고 고급스러운 느낌을 낸다.

천정에서 유의할 것은 환풍기 설치인데, 저소음에 특화된 제품이 인기 있다. 물리적으로 환풍기 고정이 견고하지 않을 때, 혹은 배관과 환풍기 주름관(자바라) 연결이 긴밀하지 않을 때 소음이 발생할 수 있다. 주름관이나 배관 자체가 구조적으로 길 때에도 공기가 이동하는 소리가 커진다.

▲ 조적과 포세린 타일로 파티션을 세운 욕실. 조명은 주백색(색온도 4000 ~ 4500k)을 사용했다. 파티션 위에는 나중에 유리 칸막이가 들어올 것이다.

도기세팅과 악세서리 설치

도기세팅은 타일을 타공하고, 배관을 다루며 기구를 설치하는 작업이기 때문에 숙련된 기술이 필요하다. 세면대 앙카를 벽에 박을 때에 배관을 건드리지 않도록 주의해야 한다. 선반형 해바라기 샤워기 본체를 설치할 때에도 피스가 많으므로 주의해야 한다. 기본적으로 모든 악세서리의 타공 위치에 칼블럭을 넣고 피스를 조일 때에 실리콘을 함께 사용할 필요가 있다. 누수를 막으며 피스의 헐

거워짐을 잡는 효과가 있다. 또한 녹이 슬지 않는 스테인레스 나사를 써야 한다.

양변기의 공간이 충분하지 않을 때에는 3cm, 5cm 정도를 이동시킬 수 있는 편심을 사용해서 설치한다. 물이 꺾이지 않고 나가도록 원심을 써도 지장이 없는 조건을 만드는 것이 가장 바람직하다. 그런 방법 중 하나가 타일 덧방을 하지 않는 것이다.

샤워기 냉온수 배관의 폭이나 좌우 높이 차이가 심할 경우 특정 샤워기 제품을 설치할 수 없는 경우가 있다. 배관이 깊을 때, 너무 얕을 때도 추가 조치가 필요하다. 이는 타일링을 시작하기 전부터 예상할 수 있다. 누수가 드물게 샤워기 자체의 결함에서 발생하기도 한다.

▼ 고객님이 계획하고 악어타일이 구현한 골드+화이트 컨셉의 욕실. 경기 김포 장기동

도기와 악세서리 설치는 타일링과 달리 수정할 수 없다. 타일은 잘못 자르거나 하면 버리고 새 것을 꺼내 쓰면 되지만 도기 제품은 부속도 여유분이 없으며, 벽면 타공도 실수를 돌이킬 수 없다. 제품 자체가 가진 고유한 특성이나 구조상 결함, 불량도 작업자가 제어할 수 없는 영역이다.

마무리 단계로 분진을 청소하고 물을 잠궈놓았을 때에 수도계량기의 눈금을 확인하여 누수가 있는지 여부를 확인한다.

▼ 우드 박판타일로 꾸민 후 수납 없이 원형 거울만으로 연출한 욕실. 서울 송파구

감사의 말

신건하 목사님은 처음 저를 만났을 때부터 독립을 권하셨고 본인도 알지 못하는 적성을 발견해서 타일 기술자의 길로 이끌어주신 첫번째 멘토입니다. 현장에서 언제나 쓸 수 있었던 전화 찬스, 하루를 마무리한 후 현장 이야기를 나눌 수 있었던 시절이 그립습니다. 감사합니다.

김재희 선배님은 초보 시절부터 저를 이끌어서 잘못된 습관, 적절치 않은 공구 하나 하나를 다듬어주셨으며 걸음마를 할 수 있게 해주셨습니다. 수많은 타일 하자 현장을 경험하게 해주시며 타일 시공자로서의 방향을 설정해주셨습니다. 감사드립니다.

현장의 어려움을 나누고 또 질문에 스스럼없이 답변 주셨던 모든 타일 선배님들께 감사드립니다. 책 쓰기를 독려해주시고 응원해주신 배종엽 선생님께 감사드립니다. 악어타일을 찾아주신 모든 고객님들께 고개 숙여 감사드립니다.

키워주시고 사랑을 가르쳐주신 양가 부모님께 감사드립니다.
늘 수고하는 경주에게, 우리의 귀중한 보석인 해준, 정한, 강인에게.
영원히 사랑해요.

2023년 8월,
최지웅

최지웅

저자는 '악어타일'의 대표입니다.
악어타일은 타일 시공 전문업체이며 또한 출판사입니다.

과학고, 공대를 거쳐 개발자가 되려다 굿뉴스코 해외봉사를 계기로 진로를 바꾸었습니다. 이후 대안학교, 출판사, 언론사를 거쳤습니다. 어릴 때 책 읽기와 만화 그리기를 좋아했고 학창 시절에 C언어와 어셈블러로 게임을 개발했습니다. 직장 생활에서 다양한 경험을 하다 독립한 이후 리모델링 현장과 각 과정을 찾아다니며 아름다운 공간을 만들어드리고 있습니다. 일하며 생각하며, 여러가지 이야기를 글과 영상, 책으로 만들고 있습니다. 세 아이들의 행복한 아빠입니다.

인스타그램 @julientiler
네이버블로그 "악어타일"
유튜브 "악어타일"